Lb 49/650

QUATRIÈME LETTRE

A M. LE RÉDACTEUR DU JOURNAL DES DÉBATS

SUR

LES AFFAIRES PUBLIQUES,

Par N. A. DE SALVANDY.

PARIS,
A. SAUTELET et Cᵒ, LIBRAIRES,
PLACE DE LA BOURSE.

2 août 1827.

TABLE DES MATIERES.

	Pag
Sujet de cette lettre	5

FAITS.

Affaires de la Grèce	8
— d'Alger	10
— du Portugal	12
— d'Espagne	21
— du Clergé	27
— du journal intitulé la France Chrétienne	32
— Des théâtres : Opéra-Comique	36
— Grand-Opéra	50
— Opéra italien	52
— Porte-Saint-Martin	53
— Nouveautés	55
Affaires diverses. Listes électorales	57
— Composition de la censure	59
— Duc de Liancourt	ib.
— Prince de Polignac	ib.
Publications diverses. Sociétés. Particuliers	60
Revue des écrits mis à l'index. M. Dupin	63
— M. de Kératry	ib.
— M. Bodin	64
— M. le marquis de la Gervaisais	66
— M. Randoin	ib.
— M. Jay	67
Proscription de l'histoire. Madame de Sévigné	68
CONCLUSION	71

Mardi prochain, 7 août,

Paraîtra chez les mêmes libraires :

LA SECONDE LETTRE DE LA GIRAFE AU PACHA D'ÉGYPTE, EN LUI ENVOYANT SON ALBUM ENRICHI DES DERNIÈRES NOIRCEURS DE LA CENSURE,

<small>AVEC CETTE ÉPIGRAPHE :</small>

Après tout, mon ami, le public ne se trompe guère. Il loue quand on fait bien ; et, comme il a bon nez, il n'est pas long-temps la dupe, et blâme quand on fait mal.

(Madame de Sévigné à Bussy Rabutin, t. II.)

QUATRIÈME LETTRE

A M. LE RÉDACTEUR DU JOURNAL DES DÉBATS,

SUR LES AFFAIRES PUBLIQUES.

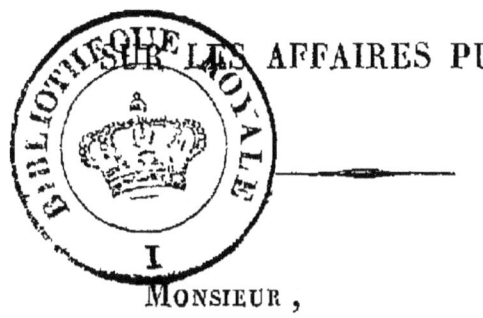

Monsieur,

Je m'étais proposé d'abord une tâche facile, celle de démontrer que la censure, autrement dit l'arbitraire en fait de presse, était un régime de tous points contraire à celui que la restauration a promis et fondé, de tous points conforme à la nature de ces gouvernemens absolus, bons peut-être dans l'adolescence des nations, odieux et impraticables dans leur maturité, abolis pour nous et réduits en poussière par la main du temps. Les faits sont venus à l'appui de mes maximes, et tandis que j'avais montré la censure heurtant de front le principe général de la monarchie constitutionnelle, qui est l'examen, la discussion, la publicité, les agens de la police de la presse ont fait voir que, sous leur empire, il n'y avait pas une des garanties, pas un des articles de la loi fondamentale qui ne se trouvassent dix fois le jour méconnus et outragés.

Il m'a été ensuite aisé d'établir que ce renversement de toutes les règles du droit public de la monarchie nouvelle tenait à des combinaisons contraires au principe même de la Restauration qui est sans doute le besoin de la stabilité, contraires à toute notion de modération et de sagesse, empreintes enfin de l'esprit de faction le plus borné et le plus destructeur. Chacun des faits, chacune des opinions frappés de mort par la censure a rendu cette vérité claire comme la lumière du soleil, en trahissant le secret de toutes les haines et de tous les vœux du pouvoir. Or, il s'est trouvé que tous ces vœux étaient subversifs, toutes ces inimitiés criminelles et folles. Ce que le ministère prétend abolir, c'est le présent; ce qu'il a en antipathie, c'est la France.

Vérités désolantes, Monsieur, et funestes présages! Aussi, ne saurait-on environner ces desseins de clartés trop vives; car il est des conseils qui tombent dès qu'on leur a enlevé le secours du mystère. Il est des entreprises qui ne peuvent s'accomplir à la face du jour.

Maintenant, je veux arriver aux conséquences que nous avons déjà trouvées, Monsieur, comme terme inévitable de nos recherches, y arriver par une voie nouvelle Si je prouve que le coup d'état de la censure est contraire au principe même de la loi exceptionnelle dont le ministère s'autorise, que cette censure est inutile et superflue autant qu'illégitime, qu'elle ne sert à rien sinon à blesser la France au cœur, qu'elle n'a nul profit pour la restauration ni même pour le ministère, qu'elle est une violence stérile, une gratuite témérité, vous supposerez sans peine que cette grande perturbation n'ayant pas pour motifs des intérêts présents, il faut qu'elle s'explique par quelque intérêt futur. Des combinaisons secrètes, des espérances cachées; tout un système enfin doivent s'y rattacher. Autrement, ce serait du délire.

La censure a une utilité de tous les jours dans les états despotiques; là, elle est un bien; car là elle est une nécessité. S'il y avait presse libre, il y aurait discussion, et la discussion des actes conduirait à celle des droits. On demanderait compte au monarque de ses fautes d'abord, et bientôt de sa toute-puissance. C'est ce qui arriva parmi nous aux derniers jours de l'ancienne monarchie.

Dans nos monarchies légales, rien de semblable. Tous les droits ont leurs limites marquées, ceux de la discussion comme ceux de la puissance.

La part du public et celle de la couronne sont faites par les lois. On ne peut même demander compte au prince de ses fautes : car il ne saurait mal faire. Là aussi la publicité est de droit parce qu'elle est sans péril. Elle est sans péril parce qu'un pouvoir subalterne, fragile et responsable, le ministère est seul accessible aux doléances de la conscience publique.

Établissez la censure en telle contrée; à qui servira-t-elle? Au ministère seul; elle le couvre, elle le protège, elle l'élève au-dessus de la responsabilité journalière qui l'importune. Mais cette responsabilité est précisément ce qui fait la force et la gloire du trône; car elle assure son inviolabilité souveraine. Le trône ne fait donc que déposer ses plus hautes prérogatives au profit de conseillers ingrats. Leur devoir était de s'immoler pour lui. C'est lui qui se sacrifie pour eux.

Mais que dire, si le dévouement de la couronne ne profite même pas à ses conseils; si la responsabilité pèse toujours sur leur tête; si les investigations de la presse continuent à miner leur renommée; si celles des chambres les attendent, si le flambeau incommode qui les poursuit ne fait qu'éclairer une faute incomparable de plus, un incomparable attentat, si enfin la couronne s'est exposée à se découvrir, sans couvrir le ministère? Or, c'est ce qui arrive dans un ordre de choses tel que le nôtre. L'arbitraire et la liberté enserrent de tous côtés le pouvoir dans leurs entraves et leurs dangers contraires.

Il est manifeste que, dans une monarchie constitutionnelle, la censure, si on a le malheur d'en admettre seulement le nom, ne peut être conçue que comme la dictature chez les Romains; et c'est ce qu'a fait la funeste loi dont nous subissons l'application illégitime, déloyale, parjure. Elle ne peut être conçue que comme une révolution d'un jour, qui, pendant le laps de cette terrible journée, change le principe du gouvernement, dénature tous les pouvoirs, et met la monarchie absolue, la puissance dictatoriale aux lieu et place d'un régime de contrepoids et de liberté. Ceci était fondé, à Rome, sur l'opinion que la monarchie peut valoir mieux que la république dans les circonstances graves : et Rome avait raison. Ce système se fonde parmi nous sur la supposition que le despotisme est quelque chose de plus habile, de plus robuste, de plus propre à braver les tempêtes que n'est la monarchie : et c'est insensé.

La loi qui a pu faire cette supposition déplorable, devait être envoyée en police correctionnelle. Un ministère habile la reléguerait aux petites-maisons.

Cette loi est l'ouvrage des ministres mêmes qui l'exploitent en ce moment comme chacun sait. Mais du moins, quand elle fut conçue et proposée, ne sembla-t-elle faite que pour les seules occurrences où un tel système puisse se soutenir, pour les guerres civiles, les révoltes armées, les bouleversemens, les 20 mars. D'ailleurs elle ne disposa que pour de rapides conjonctures; elle ne voulut en quelque sorte parer qu'aux coups de tonnerre; et voici qu'on s'en sert comme d'une institution permanente, comme d'un instrument régulier, en plein calme, pour obvier simplement, pendant dix mois de suite, à la clarté du jour.

Cette loi, qui viole le principe de la monarchie constitutionnelle, est ainsi elle-même violée à son tour dans son principe. On tourne un moyen de défense en moyen d'aggression; on bat, on brise le navire avec la dernière ancre de salut; on emploie à tout tenter et tout compromettre ce qui ne devait être employé qu'à tout sauver. En un mot, on fait de gaieté de cœur une révolution tout entière : pourquoi?

Ce coup d'état sur le bruit des discussions,

sur les lumières de la publicité, n'est-il frappé qu'afin de donner un garde-vue commode à quelques yeux délicats, afin de mettre, en quelque sorte, du coton dans l'oreille de trois hommes? On ne saurait le croire, même avec les auteurs de toutes les désastreuses folies que nous avons vues. Ils ont un but plus sérieux et plus haut. S'ils ont fait cette révolution téméraire, c'est qu'ils veulent autre chose que quelques mois de repos; ils veulent une révolution.

C'est là ce qu'il importe d'établir. Peut-être, en effet. m'abusé-je, monsieur; peut-être la censure est-elle conforme au vœu et à la nature de la loi qui l'autorise, c'est-à-dire nécessaire au salut de la restauration et de la paix publique, ces grands dépôts dont le ministère répond; peut-être enfin, si elle ne veillait pas sur nous, le pays serait-il aujourd'hui en feu? Voici venir les faits :

Le métier que font les censeurs est-il secourable à la monarchie, alors leurs archives doivent être un précieux recueil *des crimes de la presse.* Ce doit être un arsenal où on trouve rassemblé, comme dans un parc ennemi après la victoire, toute l'artillerie, tout l'attirail de guerre des factions. Là se pressent les récits perturbateurs, les bruits incendiaires, les appels aux passions ou plutôt aux armes. Le butin que les sabreurs de la police ont fait sur la presse doit inspirer pour la presse une horreur profonde, pour ces courageux défenseurs de la monarchie une pieuse reconnaissance. Dès-lors, il sera bien de leur dresser des statues, en enchaînant à leurs pieds les quatre journaux frémissant. Sur les bas-reliefs se trouveront clouées les rognures qui attestent leurs travaux. Aux angles du monument, brillera, ciselé en guise d'aigles, l'oiseau qui sauva le Capitole. M. Lourdoueix, M. Pain, l'auteur de *la Gastronomie*, M. Maquillé, M. de Bonald disputeront au ministère l'honneur de couronner cette colonné Trajane....... Avant de l'élever, repassons les exploits de la censure durant le cours de la semaine seulement qui vient de s'écouler. On saura tout juste de quelles catastrophes cette censure tutélaire a préservé le trône de saint Louis et la paix du monde. On saura en quel endroit notre esprit de rémunération doit lui attacher la fleur de lys.

FAITS.

AFFAIRES DE LA GRÈCE.

Il est remarquable que le ministère ait voulu interdire la parole aux Français alors que sa politique se trouvait exposée à leur approbation et à leur reconnaissance. Fallait-il que la conscience publique expiât sa victoire? Ou bien, est-il démontré que l'adhésion de la France soit mortelle, que sa haine seule prête vie?

Quand la censure nous était infligée par le ministère, la couronne entrait dans les négociations ouvertes pour le salut de la Grèce, et, faisant mieux que de convoyer des notes diplomatiques, les vaisseaux du roi de France couraient seuls sur les mers pour sauver la ville de Thémistocle d'une ruine éternelle. Deux mille soldats de la croix et de la liberté trouvaient à l'ombre de notre pavillon national un asile aussi noble et plus utile à leur patrie que le tombeau. L'amiral de Rigny réussissait, par sa généreuse constance, à maintenir debout tout ce qui restera d'Athènes et du Parthénon. Par sa complaisance pour les barbares, l'Europe avait fait bien des ruines; nous avons sauvé les plus illustres de toutes. L'Acropolis sera désormais dans la postérité un monument à la gloire de la France.

Partout déjà on rend témoignage de ce noble triomphe. Nous seuls ne pouvons pas le célébrer. Pourquoi, dira-t-on? Parce que la louange sied peu à qui ne pourrait oser le blâme. On dit mal la gloire et l'indépendance, quand il faut mesurer chaque mot aux droits de la servitude, accommoder chaque pensée aux exigences de l'arbitraire. N'est-ce pas rendre un service glorieux à la couronne, que de refouler au fond des cœurs la joie d'une grande et bonne action, qui honorera dans les siècles à venir le génie de la France et le nom de Charles X !

AFFAIRE D'ALGER.

De ce côté, la marine fançaise a jusqu'à ce jour moins de gloire. La stagnation des nouvelles continue, et les mauvais bruits se propagent. Mais ces bruits importent peu au salut de la restauration, qui ne périra point aux plages d'Afrique comme Saint-Louis; le trône n'eût pas été ébranlé, quand la censure n'aurait pas retranché de votre journal, monsieur, les lignes suivantes :

» On annonce que quatorze corsaires algériens, armés
» de 18 à 20 canons chacun, sont parvenus à sortir d'Al-
» ger pour faire excursion sur notre commerce. »
(Rognure du *Journal des Débats*, 30 juillet.)

Si la presse était libre, l'administration aurait pu réfuter les alarmes du commerce français, ou bien il n'aurait pu se livrer d'une façon cruelle à une ruineuse sécurité. Grace à la censure, le cabinet biffera d'un journal les corsaires d'Alger, et il les laissera courir sur la Méditerranée, ou désoler du moins tous les esprits.

Le sort de la monarchie ne tenait pas davantage à la publication des faits qu'on va lire, et notre négoce pouvait aussi bien que notre marine tirer parti de ces judicieuses observations.

— On écrit de Marseille, le 18 juillet :

» Quelles que soient les intentions du gouvernement, le commerce est dans la plus grande anxiété sur le résultat des affaires d'Alger et du Levant; il n'est nullement rassuré par les *monologues périodiques du Moniteur*. Quoi que l'on puisse dire, les intérêts commerciaux sont généralement compromis. Les Français habitant le Levant ne seront peut-être pas aussi heureux que ceux d'Alger, qui ont eu deux heures pour évacuer le pays, quittes pour la perte de leurs propriétés mobilières, qui, ainsi que leurs marchandises, ont été séquestrées.

» Les armemens continuent avec activité dans le port de Toulon : une goëlette et deux bricks sont sortis pour aller croiser contre les Algériens; le vaisseau *le Scipion*, de 74, sera bientôt prêt à mettre à la voile. Malgré la levée des marins, il en manque; tous les équipages des bâtimens qui arrivent ou sortent de quarantaine sont enlevés; on a même fait partir les jeunes gens qui se disposaient à passer à l'examen pour être reçus capitaines au long cours. On remarque que chaque année la partie de la population qui, par position et par état, devrait se livrer au service de mer, l'abandonne : tous les enfans des pêcheurs ne suivent pas comme anciennement leur père; ils préfèrent se mettre en apprentissage. C'est une preuve incontestable du peu d'avantage dont jouissent les marins, et du vice de la conscription maritime, dont on n'est libéré que dans un âge fort avancé. La pénurie des marins provient également des 25,000 marins que l'on sait être établis aux États-Unis, au Mexique, dans les États de l'Amérique du sud et du Brésil, ou qui naviguent librement et avec de forts gages, tant sous ces pavillons que sous celui du commerce français. » (*Précurseur* de Lyon.)

(Rognure du *Constitutionel* du 25 juillet.)

AFFAIRE DU PORTUGAL.

Les affaires du Portugal paraissent devoir prendre un tour nouveau. La scène orageuse qui dure depuis quelques mois, touche à un dénouement; mais ce dénouement ne sera lui-même qu'un épisode de courte durée, que le commencement de vicissitudes imprévues. La liberté est souvent essayée imprudemment, long-temps avant d'être possible encore; mais c'en est fait du despotisme là où elle a une fois régné.

Le Portugal, seul et sans l'assistance de troupes étrangères proclama en 1820 une constitution libre. Cette constitution, démocratique et téméraire presque à l'égal de celle de l'île de Léon, régna trois ans sans guerres civiles, sans supplices, comme eût fait un système antique et cher. Il est vrai que cette liberté pacifique trouvait un appui dans quelque chose de plus solide que l'alliance de l'Angleterre, dans l'inimitié que la nation portait à cette puissance. La révolution avait surtout été faite contre lord Beresford et ses cadres qui dominaient l'armée. Le pouvoir absolu et l'influence anglaise tombèrent du même coup.

Arriva l'invasion de 1823. Nos soldats eurent le triste succès de voir dans la Péninsule entière les tribunes choir à leur approche. La tribune portugaise s'écroula même sans être touchée. Il n'y eut point de sang versé. Un jour de l'an 1820, la nation et son roi avaient crié : Vive la constitution future! Un jour de l'an 1823, la nation et son roi se mirent à crier : Vive le pouvoir absolu des anciens jours!

Ce qui prouve que, sans être mûr peut-être pour des institutions telles que les nôtres, le Portugal ne peut plus vivre sous le régime de sa vieille autocratie, c'est que le règne du pouvoir absolu fut plus orageux que ne l'avait été auparavant celui de la liberté. On sait quelles divisions éclatèrent. Le bon roi Jean VI, peu opiniâtre en fait de formes, l'était en fait de sentimens et de maximes; il voulait la clémence pour ceux avec lesquels il avait juré la constitution abolie; il voulait pour tous la modération, la sagesse, la paix, le bien public.. Une faction qui avait supporté le joug de la révolution victorieuse, ne put plier le front au joug d'un despotisme sans réaction, d'un servilisme sans vengeance. Le monde sait qui fut à la tête de ces apôtres d'esclavage, rebelles et, s'il se pouvait, parricides. M. Hyde de Neuville voulait que le vieux roi cherchât un refuge dans des institutions tutélaires, sous la médiation et les auspices de la France. Le ministère n'eut garde de se prêter à ces vues, et le chef de la maison de Bragance trouva pour sa couronne et sa vie un asile protecteur à bord d'un vaisseau anglais.

Depuis lors, un autre vaisseau anglais aborda aux rives du Tage, apportant sir Charles Stuart, l'abdication de don Pedro et la liberté. Cette liberté, née sous le soleil du Brésil, et réchauffée dans le sein de la Grande-Bretagne sembla un présent ennemi, et une plante étrangère ; le sang l'arrosa. Une armée anglaise vint à pleines voiles porter à l'ordre de choses qui naissait le secours de sa présence. C'était le tenir sur les fonts, et le nommer. L'enfant s'appela Constitution anglaise, et, se trouvant avoir à la fois à lutter contre les amis du système ancien, et contre les ennemis de l'influence britannique, il ne pouvait manquer de grandir parmi les convulsions.

Aujourd'hui un coup mortel l'attend : l'Autriche, et, le *Moniteur* l'a dit assez clairement, la France se préparent à lancer l'infant don Miguel sur sa patrie. C'est y lancer les réactions.

Tout le monde se demande : que veut et que fera l'Angleterre ?

L'Angleterre a été jeune et aventureuse dans la conduite des affaires du Portugal, et elle se sent embarrassée dans ses fautes. Elle s'est jetée dans ces hasards sans circonspection, et ne sait plus comment en sortir avec honneur.

L'Angleterre, au début de cette grande entreprise, sembla prendre la Péninsule pour le champ de bataille où elle prétendait rencontrer et abattre la sainte-alliance, ses forces et ses maximes. Le cartel fut porté avec hauteur, et comme le gant n'a pas été relevé, M. Canning pense pouvoir quitter la lice avec gloire.

Mais à côté de la question européenne, est la question portugaise qui reste grande encore. Perdre toute influence sur ce coin de la Péninsule, abandonner les doctrines que la présence des gardes du roi d'Angleterre y proclame, sacrifier les hommes qui ont eu foi dans le nourrisson de sir Charles Stuart, et se sont associés sans retour à sa fortune, décourager les peuples, naguères si étrangement invoqués, de toute confiance dans l'appui du cabinet de Saint-James, ce sont bien des choses, ce sont bien des revers. Et, s'il est hors de doute pour qui connaît la nation anglaise, qu'elle a peu d'inclination à provoquer l'Europe sans motif en combat singulier, qu'elle a même peu à cœur le gouvernement représentatif des rives du Tage, on ne peut nier cependant que, dans une retraite sans compensation, dans une défaite de principes, dans une expulsion d'influence, il y aura une blessure à l'honneur national, qui sera profondément sentie. L'opposition nouvelle s'en trouvera grandement fortifiée, l'orgueil wigh grandement abattu ; j'ai même quelque peine à croire que le marquis de Landsdown veuille accepter près de la nation la responsabilité de ces désastres.

M. Canning, pour sauver l'honneur de ses armes, et laisser flottante la question d'influence, doit vouloir et veut en effet un compromis avec le gouvernement français. Il croirait replier honorablement ses tentes et ses voiles, s'il entraînait avec lui hors de la Péninsule les garnisons françaises de Barcelonne, de Pampelune et de Cadix. Alors les deux nations péninsulaires resteraient à la merci de la fortune, et la politique anglaise aurait toutes les chances. Car la Camarilla espagnole, le parti de don Miguel et le temps, sont des auxiliaires qui ne lui manqueront pas.

Mais la France est en mesure de refuser la retraite de ses troupes, et alors qu'adviendrait-il ? toutes les perplexités recommencent.

L'Angleterre donnerait une preuve nouvelle de cette habileté qu'elle a fait voir dans tant de rencontres depuis quelques années, si tout à coup l'empereur don Pèdre apparaissait pour trancher le débat, comme apparut il y a quelques mois, au milieu de la surprise universelle, cette constitution qui le fait naître. Quelques personnes pensent que ce foudre imprévu est recelé dans les nuages de l'Atlantique ; évidemment le *Moniteur* le craint. Mais la guerre de Buénos-Ayres, la situation du Brésil et les distances me semblent permettre peu de le penser. Si tel devait être le dénouement, la Grande-Bretagne serait plus habile encore qu'on ne suppose : car on ne saurait mieux cacher ses vœux et son espoir à tous les yeux.

Il est bien manifeste que M. Canning désire une transaction, et c'est évidemment la seule chose qui soit aujourd'hui désirable. On cherche où seraient ses moyens de la conclure et de la garantir.

On ne peut douter que le cabinet britannique ne porte à tout le moins des regards résignés du côté de l'infant don Miguel. Le langage de sir

2

William A'Court l'atteste; et la présence, le nom même de ce diplomate ne semble pas promettre au Code portugais une longue vie. Sir William a vu mourir toutes les constitutions dont il a soigné l'enfance. On dirait qu'il n'est pour elles qu'un conducteur de pompes funèbres.

Peut-être les affaires d'Orient sont-elles de quelque chose dans ces combinaisons. On passe à l'Autriche le Portugal pour avoir la Grèce, et on compte sur la Grèce pour distraire du Portugal l'attention de l'univers.

Cependant il faut une issue au défilé dans lequel s'agite la politique anglaise. Les troupes de sir Henri Clinton se retireront-elles sur-le-champ pour laisser le génie de M. de Metternich envahir la Lusitanie, et les réactions sanglantes naître sous les pas de son pupille? Les souvenirs de la Sicile, ceux de Parga ressuscitent, et le nom anglais est compromis dans les deux mondes.

Des concessions seront-elles obtenues du jeune infant? et sur la foi de sa parole, les baïonnettes anglaises lui livreront-elles le sort des populations et celui des lois? Mêmes résultats. L'armée anglaise restera-t-elle pour assurer à ces lois modifiées, à ces promesses augustes le patronage de sa présence? Sa position sera ce qu'est la nôtre depuis quatre ans des Pyrénées aux colonnes d'Hercule; et l'Europe garde mémoire de la façon dont l'Angleterre a raillé notre impuissance et nos mécomptes.

Quoi qu'il arrive, puisse l'Angleterre sauver les intérêts, sauver du moins les hommes qui se sont fiés à son patronage ! Elle ne peut point se passer de l'estime des nations.

Puisse la France faire en sorte que le Portugal ne donne pas l'exemple des sermens, des parjures prodigués. Assez depuis dix ans ce spectacle a été offert au monde ! Assez on a vu les chefs de ces malheureux royaumes du Midi fouler aux pieds, le jour, les contrats de la veille, et châtier dans le sang le crime de n'avoir pas douté de leur courage ni de leur sincérité. Après tant et de si funestes catastrophes, alors surtout que toutes les libertés sont contestées aux nations, la royauté ne peut se passer de l'appui de Dieu et du respect des hommes.

Au reste, que ceux-là se désabusent, qui redoutent ou désirent ces bouleversemens en vue de leur influence présumée sur l'avenir de la monarchie Espagnole. L'Espagne, telle que nous l'avons faite, ne subsiste que par le repos qui l'entoure. L'ordre légal à Lisbonne, par cela même que c'est l'ordre et la paix, lui est plus favorable mille fois que de turbulentes réactions. Si jamais des combats décisifs s'engageaient dans un coin de la Péninsule, ils s'étendraient bientôt d'une mer a l'autre, et il n'y aurait plus deux nations ; il n'y aurait que deux partis combattant ensemble pour la vie et pour la victoire.

Dans ces conjonctures, a paru un article du *Times* qui avait une haute importance; la *Quotidienne* a pu le donner tout entier. Il a été retranché tout entier dans le *Courrier français*. Le journal des *Débats* n'en a perdu que quelques lambeaux dans la mêlée de la censure. Pourrait-on dire en quoi ces différences intéressent les destins de la monarchie française?

Mêmes questions pour des retranchemens tels que ceux-ci : dans un document officiel, la lettre du conseiller d'État Abrantès à sir William, la censure a supprimé, à travers le récit des calomnies des ennemis de don Pèdre et de la Charte, ces mots : que *la princesse régente en avait été victime*, et dans le dénombrement de leurs forces coalisées, ces autres mots : *les menées et les cabales de l'impie junte apostolique et jésuitique*. Ces juntes sont, à ce qu'il paraît, solidaires dans le monde entier; mais les trônes le sont-ils avec elles, et en quoi cette phrase d'une note officielle du gouvernement portugais créait-elle une *circonstance grave* pour l'autorité souveraine de notre roi?

Cet alinéa a également disparu :

V. Exc. sait fort bien que l'évêque de Vizeu, le baron de Sobrale et l'ami le plus cher à V. Exc., don Francisco d'Almeida, ont commis un crime, et cependant vous les avez soutenus dans leurs emplois, malgré les cris de l'indignation publique, depuis le mois de février jusqu'au neuf juin. Ils ont enfin été renvoyés comme ils le méritaient.

Les documens officiels ne sont pas seuls mutilés ainsi, comme on peut le croire. Le *Constitutionnel* a voulu soumettre au public des réflexions sur les événemens de la Péninsule. Il a dit que partout où l'on voudrait établir le gouvernement représentatif, il fallait s'attendre à l'opposition de M. de Metternich..... Supprimé sans miséricorde. Une agression au premier ministre de S. M. I. A. ébranle-t-elle décidément une colonne du royaume de Louis XIV et de Charles X ?

AFFAIRES D'ESPAGNE.

La situation extraordinaire de l'Espagne ne peut être cachée aux regards du monde. On n'imagine pas surtout l'intérêt du ministère dans notre monarchie constitutionnelle, de dérober aux yeux de la France les plaies d'une monarchie despotique qui se meurt. Quel autre danger y aurait-il, que de nous attacher davantage aux institutions qui nous régissent, et au trône qui nous les a données?

La censure a supprimé les nouvelles suivantes :

Madrid, 16 *juillet.*

(Correspondance particulière)

Hier, à neuf heures du matin, il s'est tenu à Saint-Ildefonse un long conseil des ministres, sous la présidence du roi, qui a été motivé par des dépêches très-alarmantes reçues de Catalogne, et dans lesquelles M. Campo-Sagrado annonce, entre autres choses, que les insurgés carlistes ont établi six prisons sous les dénominations de prisons de la Sainte-Inquisition, et que, dans le pays qu'ils parcourent, ils arrêtent, à titre d'hérétiques, les personnes les plus respectables, et les emmènent avec eux pour les plonger dans les cachots. Le roi, dans ce conseil, paraît avoir ordonné d'une manière positive qu'indépendamment des quatre mille hommes déjà envoyés en Catalogne, on en enverrait deux mille autres. Mais on croit généralement, d'après les lettres particulières que nous recevons de ce pays, que même six mille hommes ne pourront pas suffire pour rétablir la tranquillité dans cette province, où l'esprit public devient de jour en jour plus favorable aux carlistes.

L'insurrection de la Catalogne n'est pas le seul objet des inquiétudes de notre gouvernement; il en a aussi de la part des constitutionnels qui sont débarqués au petit port de Denia, dans le royaume de Valence, au nombre de

250 environ, commandés par le colonel Diaz Moralès; à la vérité, ils se sont bornés à prendre des vivres qu'ils ont exactement payés, et se sont rembarqués ensuite. Mais le gouvernement paraît avoir des données pour croire que ceci peut devenir plus sérieux; aussi est-il question de détacher quelques troupes de l'armée d'observation pour les envoyer le long de nos côtes de la Méditerranée.

(Rognure des *Débats* du 26 juillet.)

Le *Constitutionnel*, plus heureux, a pu annoncer et le conseil de Saint-Ildefonse, et l'envoi qui y a été arrêté de quelques milliers d'hommes en Catalogne. Mais il n'a pu donner les motifs de cette décision, ou le récit des événemens qui s'y lient. Sa relation contient des faits nouveaux :

Deux objets ont motivé cette réunion : d'abord les affaires de Catalogne, qui chaque jour prennent une tournure plus critique; car il paraît par le dernier rapport parvenu tant au ministère de la guerre qu'à l'intendant-général de police, que les carlistes ont constitué une espèce de gouvernement et un grand nombre de prisons où ils enferment toutes les personnes d'opinion libérale, qu'ils font arrêter sous prétexte d'hérésie; les lois ne sont consultées en rien lorsqu'il est question de délits de cette espèce.

Le second objet du conseil, et celui peut-être qui a paru le plus pressant, c'est un rapport du général Longa, annonçant que plusieurs bâtimens portant pavillon colombien ont été aperçus le long des côtes de Valence, et que l'un d'eux, s'étant approché du petit port de Denia, y a débarqué deux cent cinquante hommes sous le commandement du colonel Dias-Moralès, l'un des chefs de l'ancienne expédition de Tariffa, lesquels, après avoir fait de grands approvisionnemens de vivres qu'ils ont payés, se sont rembarqués sans faire aucune espèce de mal aux gens du pays, et toutefois après avoir répandu dans le pays un grand nombre de proclamations en faveur de l'ancienne constitution des cortès. Ce rapport du capitaine-général Longa était encore fortifié par un autre de M. Recacho, annonçant qu'il a des raisons fondées pour croire que les constitutionnels sont dans l'intention de tenter cet été une expédition importante sur quelques points de nos côtes de la Méditerranée.

Ce sont là les points principaux qui ont occupé le conseil en question, auxquels s'est joint un troisième moins grave : c'est l'examen d'un pamphlet qui circule avec abondance, qui a été imprimé à Londres, et dans lequel on a établi que le roi de Portugal, don Pierre IV, a des droits incontestables à la couronne d'Espagne.

— On s'est borné à prescrire au ministre des graces et justice qu'il donnât des ordres à l'intendant-général de police, afin que, par tous les moyens en son pouvoir, il fît immédiatement sortir ces pamphlets des mains du public.

(Rognure du *Constitutionnel* du 26 juillet.)

Cet autre fait a été biffé dans le *Courrier français*.

Depuis quatre jours, six courriers venant de la Catalogne sont arrivés dans cette capitale. Le parti carliste insurgé continue à faire de grands progrès dans cette province. Une proclamation qui vient d'y être répandue partout est parvenue hier à la police. Elle porte ce titre ; « A « tous les mécontens, à tous les mal récompensés, aux of- « fensés, aux persécutés, et en un mot à tous les Espagnols « qui ont à se plaindre de Ferdinand VII, dans toutes les « époques, et pour quelque cause que ce soit. »

(Rognure du *Courrier français* du 26 juillet.)

Le *Journal des Débats*, dans le récit des mêmes mouvemens, a vu disparaître soigneusement du dénombrement des insurgés, le nom des *confréries de village*, et il n'a pu transcrire le cri de guerre : *Vive Charles-Quint, vive l'inquisition, mort aux negros, à bas les ministres, à bas la police!* La monarchie française eût-elle été en péril quand tout le monde aurait su que l'armée de la foi prend impunément, à l'encontre des ministres castillans, les libertés dont la garde nationale de Paris a été sévèrement châtiée? Mais du moins quel intérêt a le gouvernement de S. M. à nous celer le simple fait qui suit :

« Par le même courier, on a appris d'une manière posi- » tive que l'inquisition a été formellement rétablie dans la » ville de Vergas. »

(Rognures du *Journal des Débats* du 25 juillet.)

On ne saisit pas davantage la raison d'état qui

prohibe dans les journaux de la capitale ce que les journaux de province ont pu dire.

Suit un article textuellement extrait de l'*Echo du midi*, que les censeurs de Paris ont supprimé :

« Le roi et la reine, les princes et les princesses, dit. l'*Écho du Midi,* se sont transportés au monastère royal des dames de la Visitation pour assister à l'établissement de la confrérie des sacrés cœurs de Jésus et de Marie, autorisé par une bulle spéciale de SS. le pape Léon XII. Le roi et la reine et tous les Infans ont été reçus premiers confrères. Le pape, pour propager cette dévotion, a attaché à cette confrérie des indulgences particulières; et le roi, de son côté, pour répondre aux pieuses intentions du père commun des fidèles, s'est chargé des frais d'établisssement et d'entretien pour cette confrérie. Les libéraux de France riront peut-être de la piété d'un fils de saint Louis, mais nous aurons compassion d'eux.

« Voici un autre trait de la piété de ce monarque : Le collége d'Alcala, établissement magnifique, vient d'être rendu par le roi aux révérends pères jésuites; il s'appelait autrefois *Colegio mayor ;* il reprend aujourd'hui, avec son ancien nom, sa destination primitive ; ce sera un établissement destiné à perfectionner l'éducation des jeunes gens. Nous ne craignons pas en Espagne les prétendus envahissemens de l'illustre autant que pieuse compagnie de Jésus : le roi est persuadé que cette société rétablira elle seule l'amour de la religion et de ses pratiques, de la morale et de l'ordre dans son royaume. »

(Rognures du *Courrier français*, 25 juillet.)

Voici quelque chose de plus extraordinaire. Aux yeux de la censure, le trône des Bourbons qui nous donnèrent la Charte, et qui ont rétabli la monarchie espagnole en promettant de l'autre côté des monts des institutions libres, courrait de graves hasards si l'opinion libérale fondait sur la magnanimité ou la sagesse des Bourbons d'Espagne l'espoir d'une heureuse émulation, si surtout les voies constitutionnelles étaient, au préjudice de la monarchie absolue, appelées les voies du bon sens.

"Le *Mémorial bordelais* donnait, sans les garantir, des nouvelles qui semblaient annoncer que l'Espagne allait sortir des voies de l'absolutisme pour entrer dans celles du bon sens. Les journaux ministériels d'hier soir s'empressent de protester contre cette calomnie du *Mémorial*. Ainsi, rien n'est vrai dans les bruits que nous avons rapportés hier matin d'après cette feuille; les créanciers français de l'Espagne auraient tort de se réjouir; les choses vont trop bien dans ce pays pour qu'on les change.

(Rognure du *Constitutionnel* du 25 juillet.)

AFFAIRES DU CLERGÉ.

Il y a quelques années la politique était facile à manier. On n'avait affaire qu'à des intérêts simples et vulgaires; on ne se trouvait pas sans cesse en présence des choses saintes. On n'avait point de combats à rendre sur le seuil des sanctuaires.

C'est là aujourd'hui que sont fixés tous les débats; et ceux qui croient que le sacerdoce a toujours droit au respect public, qu'il devrait rester en dehors de la mêlée des discussions temporelles dans l'intérêt de sa mission et de sa dignité; ceux-là ne marchent que sur des charbons ardens.

Est-ce pour applanir ces difficultés que la censure a entrepris d'interdire à l'opposition toute mention des actes du clergé, de sorte qu'un fait qui a trouvé place dans les feuilles de la congrégation et du ministère ne puisse pénétrer dans les feuilles suspectes de dissentiment. On veut trier le public pour lui faire part de toutes les choses religieuses, s'assurer que l'auditoire aura toujours une oreille docile, faire un huis-clos de l'église universelle. Le *journal des Débats* ne peut transcrire, même sans commentaires, les extraits de la *Gazette de Lyon* qui posent les principes devant lesquels on veut que la monarchie de Charles X fléchisse, des principes tombés en désuétude depuis le temps de Louis le Débonnaire?

Toute observation est également repoussée. Les lignes inoffensives que voici sont retranchées du *Constitutionnel*..

— On nous écrit de Rosoy (Seine-et-Marne), que M. le desservant de cette paroisse, pour admettre les enfans à l'instruction chrétienne, exige des billets de confession des père et mère de ces mêmes enfans. Cela ne se pratique pas dans le restant du diocèse de Meaux, et ne peut que nuire aux pensionnats qui pourraient exister dans cette commune.

Un crime est commis près de Lyon. Les Débats n'ont pas le droit de dire que le meurtrier avait étudié pour prendre les ordres, mais *qu'il avait été chassé du séminaire.* Encore quelque chose de plus étrange. Un vol sacrilège est commis à Marseille ; les journaux ne peuvent ajouter cette phrase : *on ne doute pas que le voleur ne soit bientôt sous la main de la justice.* Ainsi la royauté est intéressée à ce qu'on doute de l'action de sa justice souveraine, à ce qu'on croie qu'un grand coupable pourra se soustraire aux poursuites des magistrats, à ce qu'on espère enfin, après le scandale du crime, le scandale de l'impunité ! Pourquoi cette politique nouvelle ? C'est que la censure en sait plus que ne dit le journal sur la qualité du prévenu de ce sacrilège larcin, et si un ecclésiastique se laisse entraîner à un attentat, il n'est plus permis de desirer ni d'attendre justice. Cette attente constitue une circonstance grave. Voilà bien le droit d'asyle avec un raffinement inconnu aux siècles barbares !

Les faits de ce genre se sont succédé depuis quelque temps d'une façon déplorable. Je vous ai déjà soumis, monsieur, à ce sujet de graves réflexions sur lesquelles je crois devoir revenir.

Il est arrivé à la milice sainte ce qui arrive, après les guerres sanglantes, à nos armées. La révolution avait dévasté ses rangs, on les a recrutés avec ardeur, en s'exposant à appauvrir le sacerdoce dans le respect public par la qualité des personnes plus qu'on ne le fortifiait par le nombre. Soustraite aux regards de l'université, l'éducation des séminaires, hâtive, incomplète, bornée à des études sans rapport avec la vie du monde et l'esprit du temps, n'a pu corriger toujours les habitudes de la naissance et les traditions de la famille ; on est trop souvent frappé hors des villes du peu d'aménité d'esprit et de manières de ce jeune clergé qui a pour guides des prélats du nom de M. de Croy, de l'urbanité de M. de Quélen, du talent de M. de Frayssinous. Une science bornée aux aspérités de la théologie ne fait qu'exalter les imaginations au lieu de les polir. Les mœurs risquent ainsi de rester âpres comme les sentimens. Une opinion souvent déréglée de l'autorité des plus inférieurs d'entre les lévites ajoute un ferment funeste à celui de passions que l'âge et la solitude irritent, sans que le goûts des arts, l'amour des lettres, l'habitude du monde secondent la religion dans le difficile travail de les tempérer. Une chose tient du miracle, c'est que les désordres, dont on s'afflige, restent encore si rares; mais leur nombre croissant révèle l'action d'une cause funeste, et il importe d'y chercher des remèdes.

Je crois être sûr que les ministres du roi sont frappés de ces inconvéniens. Mais, débiles pilotes qui ne savent que livrer le gouvernail à la tempête, ils regardent le mal grandir sans chercher les moyens de le maîtriser; et quand s'abstenir devient impossible, ils prennent le parti de l'enfant qui met la main sur ses yeux, croyant éviter ainsi tous les dangers. Empêcher la France de voir les désordres ou d'en gémir, pour eux c'est les réparer.

Cependant il y a mieux à faire. Les années s'écoulent, et au milieu de la population s'élève cette milice des autels, pleine de rudesse comme de conviction, ardente, croyant fermement à sa souveraineté, ignorant le siècle, étrangère aux mœurs, aux idées, quelquefois aux lumières du troupeau que doivent régir ces jeunes et sévères pasteurs. A côté d'eux placez d'autres jeunes hommes, ayant de moins qu'eux l'autorité, de plus qu'eux le nombre, tout aussi convaincus, tout aussi fervens, mais parlant un autre langage, ayant d'autre but, d'autres espérances, d'autres maximes, un autre savoir, et voyez l'avenir de la France abandonné aux combats de ces deux jeunesses rivales, qui prétendent la gouverner sans partage, et que trop de distances séparent pour qu'il y ait lieu à transaction; alors, Monsieur, vous serez effrayé du sort qu'un aveuglement déplorable prépare à notre patrie, et peut-être penserez-vous que l'administration rendrait un plus grand service à la religion, au pays, à la royauté, en écoutant ces loyales doléances, qu'en inventant l'arbitraire pour les étouffer.

AFFAIRE DE LA FRANCE CHRÉTIENNE.

La police est sacrée à ses propres yeux et inaccessible aux objections comme le sanctuaire. Le *Constitutionnel* n'a pu mettre au jour sur la suite de cette étrange affaire un article où les droits du trône sont défendus aussi bien que ceux des libertés publiques contre les empiétemens et les hardiesses de la censure.

M. Marin-Bourgeois, éditeur du journal politique intitulé la *France chrétienne*, ayant voulu faire signifier un acte extra-judiciaire au bureau de censure, l'huissier auquel il s'adressa refusa d'instrumenter, s'il n'en recevait l'injonction de la part de M. le président du tribunal de première-instance. Une requête fut présentée à ce sujet à M. le président, qui refusa de donner cet ordre à l'officier ministériel, sur le motif que les réclamations contre le bureau de censure doivent être exclusivement portées à la commission de surveillance, instituée par l'ordonnance royale du 24 juin dernier. M. Marin appela à la cour royale de cette décision. Avant-hier, la cour, après en avoir délibéré, a rejeté la demande de M. Marin, par le motif qu'alors même qu'un huissier commis constaterait le refus de *viser* le journal, il n'en résulterait pas pour l'éditeur la faculté de traduire le bureau de censure devant les tribunaux, ni pour les tribunaux le droit d'en connaître.

Nous n'avons pas eu sous les yeux l'acte extra-judiciaire que M. Marin avait l'intention de faire signifier à la commission de censure; nous n'avons pas non plus la requête qu'il a présentée à M. le président du tribunal de première-instance; ainsi nous ne pouvons nous prononcer sur le mérite de ces deux actes; il ne nous est donc permis de raisonner que par supposition. Si l'intention de M. Marin était de traduire la commission de censure devant les tribunaux, pour la faire condamner *à viser* son journal, cette manière de procéder n'était pas légale; si, au contraire, son intention était de faire constater qu'il avait rempli, autant que la chose dépendait de lui, les obligations que lui imposait l'article 4 de la loi du 31 mars 1820, pour éviter les dispositions pénales contenues aux articles 5 et 6 de la même loi, sa demande aurait été juste.

Voici ces trois articles :

Art. 4. Avant la publication de toute feuille ou livraison, le manuscrit devra être soumis, par le propriétaire ou l'éditeur responsable, à un examen préalable.

Art. 5. Tout propriétaire ou éditeur responsable qui aurait fait imprimer et distribuer une livraison d'un journal ou écrit périodique, sans l'avoir communiquée au censeur ayant l'impression, ou qui aurait inséré dans une desdites feuilles ou livraisons un article non communiqué ou non approuvé, sera puni correctionnellement d'un emprisonnement d'un mois à six mois, et d'une amende de 200 à 1,200 fr., sans préjudice des poursuites auxquelles pourraient donner lieu le contenu de ces feuilles, livraisons et articles.

Art. 6. Lorsqu'un propriétaire ou éditeur responsable sera poursuivi en vertu de l'article précédent, le gouvernement pourra prononcer la suspension du journal ou écrit périodique jusqu'au jugement. »

Ici la question devient générale.

Nous supposons qu'un journaliste, en exécution du devoir que lui trace l'article 4 que nous venons de citer, envoie le soir à la commission de censure les matériaux dont doit se composer le journal du lendemain, et qu'elle garde pardevers elle tous ces matériaux, il est clair que si le journal paraît le lendemain, l'éditeur sera passible de la peine mentionnée en l'article 5, et qu'il pourra même être frappé de la suspension prévue par l'article 6.

Supposons encore que l'éditeur ne fasse pas paraître son journal la première fois qu'il éprouve un refus de *visa*; mais, si ce refus se reproduit encore le lendemain, le surlendemain, etc., etc., fatigué de ce qui serait, à ses yeux, un déni de justice, lui serait-il impossible de faire constater, par un acte extra-judiciaire, la preuve positive qu'il a satisfait à l'obligation que la loi lui impose ? Et comment, quand la faculté de faire cette preuve lui serait interdite, s'il était traduit devant un tribunal pour avoir fait paraître son journal, pourrait-il éviter la condamnation à six mois de prison et la suspension de sa feuille ?

Si l'on soutient que, sur le refus du *visa* du bureau de censure, l'éditeur n'a d'autre moyen que de recourir au conseil de surveillance, et qu'en attendant il doit s'abstenir de paraître, alors ce journal se trouverait, par le fait, *provisoirement suspendu*, il encourrait la peine avant d'avoir commis le délit, et l'autorité du roi serait primée par celle du bureau de censure et du conseil de surveillance.

Qu'on ne pense pas que nous outrons la chose. D'après la loi du 31 mars 1820, la suspension, dans le cas prévu, pouvait être prononcée par *le gouvernement*, et ce mot est expliqué dans l'article 8 de l'ordonnance du 24 juin dernier, de manière à ne pas laisser le moindre doute sur la volonté royale ; en voici le texte :

» Quand il y aura lieu, en exécution de l'article 6 de
» la loi du 31 mars 1820, à la *suppression* (la loi dit *sus-*
» *pension*, et non *suppression*) provisoire d'un journal
» ou écrit périodique, ELLE SERA PRONONCÉE PAR NOUS sur
» le rapport de notre garde-des-sceaux, après qu'il aura
» pris l'avis du conseil de surveillance. »

Au reste, il y a un principe dominant qu'il ne faut jamais perdre de vue. Un journal est une propriété : toute atteinte portée à une propriété est du ressort de la justice ; tout fait quelconque de l'homme, qui cause à autrui un dommage, oblige celui par la faute duquel il est arrivé à le réparer.

Voilà, ce nous semble, le point de vue sous lequel

M. Marin aurait pu se présenter devant les tribunaux.
(Rognure du *Constitutionnel.*)

AFFAIRES DES THÉATRES.

OPÉRA-COMIQUE.

Le coup d'état, frappé en même temps sur les contrats, sur les droits acquis, sur les arts et sur la charte, le coup d'état de l'Opéra-Comique est, depuis le règne de la censure, l'événement qui, préoccupe le plus vivement les esprits. Rien en effet ne caractérise plus nettement l'administration qui pèse sur la France. Le mépris de la propriété privée, l'insulte aux lois, le dédain des talents les plus chers au public, l'aggression aux plaisirs de ce public que Mazarin du moins aimait à voir s'amuser quand il l'opprimait, ajoutez des détails d'intrigues déplorables, des noms de femmes, des bruits d'argent, vous aurez, monsieur, une juste idée de ce scandale, et vous ne vous étonnerez pas de voir la censure biffer tout ce que les feuilles publiques ont essayé d'insinuer sur cette révolution de coulisses. Mais vous penserez peut-être qu'un jour les chambres, demandant compte au ministère de l'exécution des lois, auront peine à croire qu'il y eût une loi exceptionnelle établie pour dérober les affaires administratives des théâtres aux regards de la France. Croyez-vous, monsieur, qu'à Rome la dictature ait jamais été invoquée pour faire passer une réforme de chanteurs ou de comédiens, et vous souvient-il que dans la fameuse discussion de nos assemblées sur *les circonstances graves* où la monarchie pouvait être précipitée, l'événement de Feydeau ait été prévu? Est-il démontré à vos yeux que notre *caveant consules* reçoive une légitime et convenable application dans l'interdit jeté sur les réclamations de Huet ou de Ponchard, et sur les autres pièces que je transcris?

Paris, le 27 juillet 1827.

Monsieur,

Nous sommes arrivés à un point où le silence de notre part serait trop mal interprété. Il est de notre devoir d'éclairer le public sur les menées, les injustices et les dégoûts dont on abreuve continuellement des artistes dont le zèle ne s'est jamais démenti, et qui n'ont pas cessé de chercher à mériter la bienveillance et l'estime dont on les honore.

Un journal, qui se dit l'ami des artistes, prétend que nous sommes des révoltés, des gens sans frein, et que l'autorité protectrice ne saurait trop sévir contre nous. Nous commencerons par demander à ce même journal qui peut l'avoir si bien instruit de nos discussions intérieures, et quel heureux hasard lui a toujours fait pressentir les mesures que la direction a voulu prendre? Serait-il, comme on le dit, payé pour cela? Nous ne pouvons croire que l'autorité supérieure voulût se compromettre au point de faire attaquer de la sorte ses subordonnés : de la part de M. Pixérécourt, nous en serions peu surpris.

Quoi qu'il en soit, puisqu'on nous traite de révoltés, il faut bien nous disculper. Peut-on qualifier de révolte la dedemande respectueuse du renvoi d'un homme qui, par sa conduite, ses procédés et sa mauvaise gestion, s'est rendu indigne de diriger un corps d'artistes estimables? Est-ce se révolter que dire : Le directeur a mal géré pendant trois années, car la somme totale des recettes, pendant cette période, a été de *trois millions cent mille francs*, et les dépenses se sont élevées à *trois millions cent trente - sept mille francs ?*

M. Guilbert de Pixérécourt attribue à sa gestion les avantages de cette recette, supérieure à celle qu'on avait faites dans les années de la plus grande prospérité du théâtre. Sans parler des auteurs et des compositeurs, qui auraient peut-être le droit de s'en attribuer la plus grande part, nous voulons bien lui en laisser la gloire, et ne rien revendiquer pour nous dans ces résultats; mais qu'il convienne que jamais les dépenses n'avaient été portées aussi loin : tant que celles-ci dépasseront les autres, il est évident qu'on conduit le théâtre et les sociétaires à leur ruine. Cependant, nos réclamations à ce sujet ont été infructueuses ; en vain la prudence et l'économie ont été invoquées : non-seulement nous n'avons reçu aucune réponse satisfaisante, mais encore on a repoussé avec un mépris insultant les conseils que nous dictait le bien de l'établissement.

On nous qualifie de révoltés! On dit que nous méconnaissons nos devoirs envers l'autorité, et en même temps on se plaint de notre silence lors de la lecture d'un acte qualifié *Ordonnance*, qui attaque nos actes notariés et tous les droits desquels nous n'avons pas fait abandon. Que d'inconséquences dans ces inculpations! Quoi! des révoltés se taisent devant une autorité qui s'est déclarée représenter la Majesté Royale! ils se taisent en écoutant respectueusement tout ce qu'on leur dit être émané du trône! ils se bornent à protester contre ce qui attaque leurs droits! Et c'est ce silence qu'on travestit en révolte! ce sont ces hommes qu'on présente comme des séditieux, sans frein et sans respect pour le pouvoir!

Aujourd'hui encore, on cherche à faire penser que leur désir est de ressaisir les rênes de l'administration; on les accuse d'ambition; on fait l'énumération de leurs prétendus appointemens, en demandant où ils pourraient espérer mieux? nos lettres adressées à M. le duc d'Aumont, et qui ne tarderont pas à paraître, ainsi qu'un Mémoire où seront établis nos droits et nos justes réclamations, prouveront que nous acceptons le régime administratif que l'autorité nous a donné; mais que nous sollicitons seulement une direction sage, impartiale, et dont les formes adoucissent les mesures, plutôt que de les aggraver par des duretés ou des procédés outrageans.

Nous n'ajouterons plus qu'un mot, et il en dira plus que tout le reste. Dussions-nous ne pas rencontrer ailleurs les avantages que nous avons ici, que le public juge la position dans laquelle nous nous trouvons, en apprenant que nous aimons mieux renoncer à ces mêmes avantages, nous expatrier, et quitter tous les objets de nos affections, plutôt que d'accepter notre déshonneur en gardant un maître tel que M. Pixérécourt, et les nouvelles lois qu'il veut nous imposer.

Huet, Ponchard, A. Féréol, Lafeuillade, Valère, Chollet;

Mmes Boulanger, Rigaut, Ponchard, Z. Prévost, E. Colon.

La *Revue musicale*, journal qui doit ses paisibles succès à la manière consciencieuse et éclairée dont M. Fétis, qui en est l'éditeur, remplit ce titre, n'a pu consacrer à un évènement qui est si éminemment de son domaine les réflexions suivantes :

La crise de l'Opéra-Comique est fort sérieuse, et ne paraît pas pouvoir se terminer par un arrangement à l'amiable. On se rappelle qu'au printemps de 1826, de vives discussions se sont élevées entre les sociétaires et le directeur de ce théâtre, au sujet des comptes de l'année que le directeur refusait de soumettre au contrôle de la société. Des bruits injurieux s'étaient répandus dans le monde, par représailles, des acteurs avaient été exclus du théâtre. Enfin une espèce de trêve avait été conclue, et l'on vivait dans un état d'observation. De nouveaux sujets de dissension, joints aux premiers griefs, ont rallumé la guerre entre les acteurs et M. Pixérécourt; il en est résulté une ordonnance qui dépouille les sociétaires des droits qu'ils tenaient de leur acte de société. Par une singularité remarquable, l'ordonnance reconnaît l'existence de cet acte, et sa validité jusqu'en 1831, et néanmoins elle en change et modifie les clauses. On avait cru jusqu'ici qu'aucune puissance humaine ne pouvait annuler ni modifier un acte contracté de bonne foi, et conformément aux lois existantes. Quoi qu'il en soit, onze sociétaires, qui sont : Huet, Ponchard, Lafeuillade, Chollet, Féréol, Valère, et Mesdames Boulanger, Rigaut, Prévost, Ponchard et Colon, ont donné leur démission en déclarant qu'ils pourraient accéder à l'ordonnance, mais qu'ils demandaient préalablement à M. le duc d'Aumont le renvoi de leur directeur actuel, M. Guilbert de Pixérécourt. Il est difficile de prévoir la fin de tout ceci. Quant au moment présent, les acteurs qui viennent d'être nommés ayant cessé de jouer, le répertoire se trouve arrêté presque en totalité, et les études sont suspendues.

(Rognures de la *Revue musicale*.)

CHONIQUE MUSICALE DU JOURNAL DES DÉBATS.

Une ordonnance du 17 de ce mois, contresignée, on ne dit pas par qui, vient de faire cesser les chants du plus grand nombre des virtuoses de l'Opéra-Comique. Une lettre, signée par MM. Huet, Ponchard, Lafeuillade, Valère, Chollet, A. Féréol, et par mesdames Boulanger, Rigaut, Ponchard, Z. Prévost, E. Colon, nous a été adressée à ce sujet.

Cette lettre nous donne connaissance des réclamations formées par les signataires auprès de l'autorité, pour l'exécution de l'ordonnance de 1824, violée par le directeur, dont ils demandent le changement. Ils se plaignent de ce qu'on les accuse ouvertement de vouloir ressaisir la position de leurs droits qu'ils ont abandonnée de leur gré, et prient le public, dont ils ont reçu si souvent des preuves d'indulgence et de bonté, de suspendre son jugement à leur égard jusqu'au moment où ils auront pu lui faire apprécier leur réserve respectueuse et la légitimité de leurs plaintes. Une publication, devenue nécessaire, fera connaître l'ensemble et les détails de cette affaire. Ils certifient qu'ils ont rempli les obligations que leur acte de société et l'ordonnance de 1824 leur imposaient; qu'il est vrai qu'on leur a lu une ordonnance, mais sans la leur notifier de manière à ce qu'ils pussent en apprécier les dispositions et consulter sur le droit qu'ils ont de réclamer le maintien d'un acte reçu par un notaire.

En attendant, et jusqu'à ce qu'ils aient eu communication régulière du nouvel acte, et sauf toutes les voies légales d'opposition et de pourvoi qui peuvent leur appartenir, la force d'inertie et de protestation est le seul moyen qui leur reste de constater l'oppression qui les menace.

Le préambule de l'ordonnance du 17 juillet porte que l'administration actuelle a dirigé le théâtre de l'Opéra-Comique de la manière la plus satisfaisante, et qu'elle a placé la musique française dans un rang distingué. Nous devons le croire; mais, en vérité, nous ne nous en doutions pas. — Le directeur est investi des pouvoirs les plus étendus.— Les assemblées de répertoire sont supprimées.—Le directeur est chargé de la composition du répertoire.—Les comédiens sont divisés en trois classes, savoir : les sociétaires, les pensionnaires et les acteurs à l'essai. La qualité de sociétaire ne confère aucun droit de s'immiscer dans la gestion et administration du théâtre, sous quelque rapport que ce soit.

De sorte que les sociétaires n'auront d'autre souci que de travailler avec zèle, de se rendre agréables au public, d'enrichir la Société; le reste doit leur être tout-à-fait étranger. Ils ne doivent lire que dans leurs rôles, et jamais dans les partitions du caissier. Les sociétaires sont réduits à dix, et leur qualité cesse après quinze ans de services effectifs. Leur part entière sera de 8,000 francs, plus les feux de 24 francs, que M. le premier gentilhomme de la chambre du roi, chargé de la haute administration du théâtre, accordera aussi aux pensionnaires, quand il le jugera convenable, et comme le dit la chanson de madame Gail,

Sous vot' bon plaisir, monseigneur.

Les coalitions qui forceraient à faire relâche seront punies d'une amende de 2,000 francs par jour, qui sera prélevée sur les appointemens du mois, et versée dans la caisse générale.

Je ne puis rapporter ici toutes les dispositions de cette ordonnance, qui est la loi d'amour et de justice de l'Opéra-Comique. J'arrive à la dernière : Tout sociétaire expulsé perdra ses retenues, improprement appelées *fonds sociaux*, ses droits à la pension, les places qu'il aurait dans les établissemens royaux, et ne pourra jouer sur aucun théâtre du royaume. M. de Pixérécourt aurait pu être plus laconique, en mettant tout bonnement : sera fusillé. Mais on ne fusille pas pour cela; n'importe ! il y a commencement à tout. Un cocher peut être expulsé de chez son patron, et trouver aussitôt une place dans l'hôtel voisin ; et un artiste recommandable par ses qualités personnelles et par son talent, est obligé de renoncer à sa patrie, à son état, à sa fortune, parce qu'il aura déplu à un directeur de spectacle.

Si les sociétaires sont réduits à dix ; si, dans quatre ans, une nouvelle société succède à la première, les pensions acquises auront-elles une garantie suffisante ? Nous reviendrons sur cette affaire importante quand elle sera discutée devant les tribunaux, où l'on décidera si une ordonnance peut porter atteinte aux droits de la propriété. Je n'entrerai pas dans de plus grands détails ; beaucoup de points méritent pourtant d'être commentés, mais trente pages ne suffiraient pas pour tout ce qu'il y aurait à dire. J'aime mieux terminer cet article par quelques idées sur la manière dont on devrait laisser administrer les théâtres de Paris ; elles trouvent naturellement leur place dans cet articles.

Rien n'est plus funeste à l'art dramatique, aux progrès de l'art musical, que les privilèges. Ces monopoles de comédies et d'opéras ne laissent aucune ressource aux jeunes auteurs ; il faut bien peu d'ouvrages pour alimenter deux théâtres ; les musiciens connus par des succès se chargent de ce soin, et de temps en temps, pour la forme, l'on accorde à quelque débutant la faveur de se faire siffler dans un petit opéra en un acte, bien rétréci, bien dépouillé de musique, et réduit aux formes et à la durée fixée par l'ignorance et la routine pour que ce supplément de spectacle retienne les spectateurs sur les banquettes jusqu'à dix heures et trois quarts. Un opéra de ce genre est absolument comme la balle que l'on amoindrit jusqu'à ce qu'elle soit de calibre et qu'elle entre avec justesse dans le canon. On dit à nos jeunes champions : Oui, vous combattrez, mais on vous liera les pieds et les mains ; la défaite est certaine, ce premier essai doit être le dernier : et voilà ces compositeurs rejetés dans la foule des maîtres de chant, de piano, et même de solfège.

Pourquoi le gouvernement s'obstine-t-il à donner des soins aux théâtres de Paris, à leur accorder de prétendus secours, que les conditions onéreuses dont ils sont accompagnés rendent inutiles, nuisibles même? Pourquoi ne pas laisser le commerce des hémistiches et des doubles croches dans une entière liberté, sans secours, mais sans impôts. Est-il rien de plus absurde que de donner d'une main ce que l'on enlève de l'autre ? Le théâtre de l'Opéra-Comique reçoit du ministère de la maison du roi une subvention de 150,000 francs. Le prélèvement du dixième des recettes pour la caisse des indigens s'est élevé quelquefois à plus de 100,000 francs au même théâtre. C'est donc pour une misérable somme de 40 à 50,000 francs, que le ministère accorde, et qui représente la recette de vingt jours, qu'une administration aussi importante que celle de l'Opéra-Comique doit être soumise à tous les désagrémens d'une régie étrangère, à toutes les tracasseries des moindres employés des bureaux.

Rien de plus singulier que l'amalgame que présente la comptabilité de la liste civile : les églises et les théâtres, les prêtres et les comédiens recevant des secours qui leur sont offerts par la même main !

Le ministère se plaint sans cesse des charges trop fortes que les théâtres font peser sur sa caisse. Les comédiens répètent sans cesse,

Timeo Danaos et dona ferentes !

On pourrait d'un seul mot mettre tout le monde d'accord, et affranchir les bureaux d'un travail minutieux et dont les résultats sont parfaitement inutiles. A l'exception de l'Académie royale de musique et de danse, qui ne pourra jamais devenir une entreprise particulière, il faudrait accorder entière liberté aux directeurs des théâtres de Paris, et les abandonner tout-à-fait aux hasards des événemens, aux inventions de leur génie, à l'adresse de leurs manœuvres. Point de secours et point d'impôts ; allez, élevez des théâtres dans la rue Plumet ; placez vos salles près de la Bourse ou près du Jardin du Roi ; jouez l'opéra ou la pantomime, la comédie ou le mélodrame, dansez sur la corde ou sur les planches ; tout vous est permis. Amassez des trésors, ou faites banqueroute ; payez ou ne payez pas vos pensionnaires, cela ne nous regarde pas. Je pense qu'une telle licence n'aurait que d'excellens résultats, et délivrerait la caisse royale des obligations énormes qu'elle a en quelque sorte contractées avec les théâtres royaux.

Maintenant, il faut prévoir l'objection que l'on ne manquera pas de me faire au sujet des progrès de l'art, de la conservation du goût dans toute sa pureté, et autres prétextes vains dont on se sert pour faire croire à la nécessité des privilèges dramatiques. Ce qui doit assurer les progrès des arts qui concourent aux représentations théâtrales, c'est la civilisation littéraire et musicale du public, c'est le goût sûr et exercé des personnes qui fréquentent les spectacles. Pourqui la comédie à ariettes a-t-elle prévalu contre l'opéra ? C'est qu'elle a le privilège de se montrer dans le quartier le plus populeux de la capitale, dans les lieux fréquentés par les étrangers, clientelle bien précieuse pour un théâtre. On croit peut-être qu'à l'instant où la licence que je réclame sera donnée, Paris verra construire vingt salles nouvelles ; point du tout ; les capitalistes et les entrepreneurs ont encore dans leur tête un petit morceau de cette judiciaire que Molière a placée dans la tête de Léonard de Pourceaugnac ; ils ne s'élanceront pas étourdiment dans la carrière sans avoir calculé toutes les chances de succès et sans avoir prévu les revers.

L'époque la plus brillante de nos fastes dramatiques est celle où l'on a vu le théâtre Feydeau s'élever à côté de la salle Favart. Peut-être ne ferait-on pas un second théâtre d'opéra-comique, mais il faudrait qu'on pût le faire, et cette certitude serait d'une influence bien grande sur celui qui existerait. Les acteurs redoubleraient de zèle, l'orchestre jouerait juste, on s'empresserait d'augmenter le nombre des chanteurs et des symphonistes ; les nouveaux auteurs ne seraient pas rebutés sans cesse, et l'on craindrait le résultat de leur désespoir. Tandis qu'à présent ce résultat ne peut les mener qu'à sacrifier leurs études, leurs talens, ou bien à se précipiter dans la Seine, et c'est de quoi l'on se soucie fort peu.

Presque toutes les affaires relatives aux théâtres sont portées devant les tribunaux de commerce, le choix de cette juridiction est consenti par les parties dans tous les actes d'engagemens, dans toutes les soumissions qui ont pour objet des fournitures. L'exercice de l'état de chanteur et de comédien est un véritable commerce, et les directeurs sont

De fort honnêtes gens
Qui, pour des prix également honnêtes,

donnent des cavatines et des duos, des tirades et des finales, montrent des palais et des prisons, des bosquets et des cavernes, de joyeux festins et des massacres épouvantables aux amateurs qui se rendent en foule dans leurs brillans magasins. C'est d'après le même principe d'échange que Tortoni distribue des glaces et des sorbets; tandis que son voisin le pharmacien régale ses *dilettanti* avec des médecines composées. Pourquoi le commerce des cavatines et des symphonies ne jouirait-il pas des mêmes immunités accordées aux autres espèces de commerce? Un acteur s'engage avec un directeur. Avant de signer le contrat, le virtuose a pris ses informations sur le degré de solvabilité de celui qui doit lui payer ses appointemens; le directeur s'assure si son ténor a un beau *sol* de poitrine, s'il peut aller au *ré* au moyen du faucet, si sa basse chantante a de l'agilité, si sa première cantatrice est d'un extérieur agréable, et si elle peut marcher sur les traces des Rigaut et des Boulangers. Il s'informe encore si ses pensionnaires sont d'un caractère qui donne des garanties pour le bien du service. Ces pactes arrêtés et signés, on se met en marche, et si quelques difficultés graves se présentent; on a recours à des arbitres ou amiables compositeurs, ou bien au jugement des tribunaux.

On craint qu'il n'y ait trop de théâtres, et que la surveillance à exercer sur eux ne donnât trop de soins. Je citerai un exemple dont on peut faire l'application au sujet dont je m'occupe en ce moment. Un lord, qui habite Amboise, sollicita et obtint de monseigneur le duc d'Orléans la faveur de chasser le sanglier dans les forêts de ce prince; mais sous la condition expresse, acceptée sous le sceau de sa parole d'honneur, de ne tuer que trois sangliers par an. Les inspecteurs des forêts, voyant un chasseur si déterminé, craignaient qu'il ne dépeuplât le pays. Voilà déjà six ans que la licence est accordée, et milord n'a fait mordre la poussière à aucun individu de la gent marcassine : il avait pourtant acquis le droit d'en tuer dix-huit. Il se trouve réduit à parodier la chanson du coucou, en disant : *Les sangliers sont gros, mais on n'en tue guère, mais on n'en tue pas.*

J'ai refusé souvent des directions de théâtres ; les entraves qu'on y rencontre, la rigueur de l'esclavage dans lequel on retient les infortunés entrepreneurs, m'en ont toujours éloigné. Mais si on obtenait la liberté de faire tout ce qui peut être utile au bien de l'art et aux plaisirs du public, j'éprouverais une vive satisfaction à former un établissement de ce genre, je ne serais point inquiet sur les résultats, et beaucoup de personnes partageraient ma confiance. Je tiens particulièrement aux réalités, et je voudrais pouvoir juger de l'effectif de la recette du jour par l'inspection de la salle. Les droits des auteurs seraient augmentés en proportion des billets dont on les priverait. Plus de loges données au pouvoir ou à la faveur, plus d'entrées gratuites sous quelque raison, prétexte, excuse que ce soit ou que ce puisse être. Les claqueurs paieraient leur billet au bureau, et ne se verraient plus exposés à être mis à la porte. Rien n'est plus nuisible aux théâtres que la distribution des billets gratis ; une infinité de personnes attendent patiemment leur tour pour jouir d'un plaisir qui ne coûte rien ; ôtez-leur l'espérance d'entrer de cette manière, et le plus grand nombre ira saluer le buraliste dès la seconde représentation d'une pièce nouvelle. Jouez des pièces qui intéressent et qui piquent la curiosité, vous aurez des spectateurs utiles ; et bien des gens qui ne peuvent arriver au théâtre qu'une heure après que le rideau est levé, s'y rendront alors avec confiance, tandis que maintenant ils s'en abstiennent à cause de la certitude qu'ils ont que les places que l'administration avait présumées devoir rester vides, ont été occupées par les amis de la maison. Surtout point de pensions de retraite; j'ai déjà prouvé que ce système de comptabilité ne pouvait pas convenir à une administration théâtrale. De forts appointemens pour les services présens et rien pour le passé; madame Catalani, madame Pasta ne reçoivent aucune pension, elles ont su pourtant se constituer d'honnêtes revenus.

En attendant que l'on accorde à nos théâtres cette liberté si désirée par les véritables amis des arts, je fais des vœux pour que les sociétaires de l'Opéra-Comique soient maîtres chez eux, malgré le tort immense que la retraite d'un directeur aussi habile et aussi aimable que celui qu'ils ont le bonheur de posséder, pourrait faire à la musique française, et je suis tout prêt à prendre la défense des intérêts de M. de Pixérécourt, si jamais une ordonnance prétend le troubler dans sa propriété du théâtre de la Gaieté, où il a moissonné tant de lauriers, et à la prospérité duquel il aurait bien dû se consacrer exclusivement. X. X. X.

(Rognure du *Journal des Débats*.)

GRAND OPÉRA.

Il importe à la sûreté de l'État que les changemens à vue que l'administration opère dans le personnel de ce vaste théâtre soient environnés de diplomatiques mystères. On va juger de l'utilité de ces procédés circonspects par la suppression que voici:

Une stagnation déplorable se fait remarquer dans nos théâtres lyriques, en ce qui concerne les plaisirs du public. On y est trop occupé d'organisation intérieure, de mutations et de nouvelles distributions de pouvoir, pour avoir le temps de songer à monter des pièces. L'Opéra, et surtout l'Opéra-Comique sont en ce moment dans un état de crise dont il est difficile de prévoir toutes les suites.

L'administration du premier de ces théâtres vient de changer de forme. La place d'administrateur comptable est supprimée; les fonctions qui y étaient attachées ont été réunies à celle de directeur du personnel, dans la personne de M. Lubbert; d'administrateur qu'il était, M. Duplantys est transformé en caissier; M. Kreutzer, directeur de la musique, est mis à la pension, et n'a point de successeur; enfin les appointemens de M. Habeneck aîné, l'un des chefs d'orchestre, sont diminués d'un quart. des bruits très divers circulent sur ce dernier point : selon les uns, M. Habeneck aurait donné sa démission, et aurait demandé à jouir de la pension de directeur qu'on lui a accordée quand il a quitté l'administration de l'Opéra; selon d'autres, il aurait fait des réclamations qu'on serait disposé à admettre; d'autres enfin assurent qu'il s'est soumis à la décision qui le concerne purement et simplement.

Le système d'économie qui paraît être adopté a fait songer aussi à des réformes dans le personnel des acteurs. Dérivis, dont l'engagement expire au mois de février prochain, a reçu la lettre qui le prévient qu'à dater de cette époque il cessera son service. Mademoiselle Grassari, dont les appointemens avaient été portés à vingt-cinq mille francs, par un engagement récent, éprouvera, dit-on, une réduction de moitié, attendu le peu de services qu'elle rend au théâtre. La danse subira aussi des suppressions, des diminutions, etc.

Ce n'est pas tout : on assure que M. Lubbert, qui jusqu'ici s'est montré bon administrateur, a proposé à M. le vicomte de la Rochefoucault, directeur des beaux-arts, de se charger de l'entreprise de l'Opéra, conjointement avec M. Rossini, moyennant une subvention annuelle de *sept cent mille francs*, et que ces messieurs ont offert de déposer une somme, pour garantie de leur gestion. On ne sait point encore si ces propositions seront acceptées.

(Rognures de la *Revue musicale*.)

OPÉRA ITALIEN.

Mêmes précautions, même secret dans l'administration des plaisirs publics. Le ministère ne permet même pas la louange dans ces questions si graves parce que la louange serait encore de la publicité.

Le Théâtre Royal Italien subit aussi divers changemens. La place de directeur de la musique, qui était remplie par M. Paer, est supprimée, et M. Lubbert reste seul chargé de l'administration de ce théâtre, conjointement avec celui de l'Opéra. Mais cet état de choses n'est que transitoire ; il paraît décidé que Barbaja aura le théâtre Italien en entreprise pour son compte. Ce mode d'administration serait le plus convenable pour la prospérité de ce spectacle, parce que Barbaja, ayant déjà l'entreprise de plusieurs grands théâtres en Italie et en Allemagne, pourrait varier à chaque instant les chanteurs, seul moyen de succès, puisqu'on ne peut introduire cette variété dans le répertoire. Ce serait d'ailleurs la seule occasion qui pourrait nous procurer le plaisir d'entendre La Blache, David, Rubini et ce qu'il y a de bons chanteurs en Italie.

(Rognures de la *Revue musicale*.)

PORTE SAINT-MARTIN.

La censure, dans sa sollicitude fidèle pour le salut du trône, a supprimé tout entier au *Journal des Débats* l'article qui suit ; l'histoire même des théâtres sera interdite à notre liberté constitutionnelle. Il est vrai que le pouvoir absolu semble débarqué sur les planches, et trôner provisoirement à la comédie, en attendant un plus digne destin.

— L'autorité vient d'ordonner, par une décision fondée, dit-on, sur la nécessité de pourvoir à la sûreté publique, que le théâtre de la Porte-Martin serait immédiatement fermé. Cette clôture sera définitive, et elle aura lieu dans les premiers jours du mois d'août. La salle de la Porte-Saint-Martin, construite en cinquante jours, sur les plans de l'architecte Lenoir, après l'incendie de l'Opéra situé au Palais-Royal, fut ouverte pour la première fois au public le 27 octobre 1781. Après que l'Académie royale de Musique eut été transférée au théâtre que mademoiselle Montansier avait fait construire, rue de Richelieu, vis-à-vis la Bibliothèque du Roi, la salle du boulevard Saint-Martin fut occupée successivement par diverses troupes dans lesquelles on distinguait quelques sujets qui depuis ont figuré ou figurent encore honorablement sur des scènes plus élevées : parmi ces acteurs estimables, nous ne citerons que deux sociétaires du Théâtre-Français, mademoiselle Rose Dupuis et madame Tousez. Dans les dernières années du régime impérial, le théâtre de la Porte-Saint-Martin resta inoccupé. Sa réouverture eut lieu le 26 décembre 1814, en vertu du privilège accordé par M. l'abbé de Montesquiou, alors ministre de l'intérieur, à M. Saint-Romain. Ce privilège, cédé au bout de quelques années par M. Saint-Romain à M. Lefeuve, et par ce dernier à messieurs Merle et Deserres, était exploité depuis un an par M. le baron de Montgenet, capitaine au corps royal d'état-major. Nous déplorons la nécessité impérieuse qui va tout d'un coup priver de leur industrie plus de deux cents personnes attachées au théâtre de la Porte-Saint-Martin. M. de Montgenet est, dit-on, nommé directeur du théâtre royal de l'Odéon, en remplacement de M. Sauvage, successeur de M. Frédéric du Petit-Méré, et qui se démet volontairement des fonctions auxquelles il avait été tout récemment appelé. Le motif de cette démission est, dit-on, la réduction de la subvention annuelle accordée à l'Odéon par le ministère de la maison du roi. M. de Montgenet apporte avec lui, du boulevard, le mélodrame, le vaudeville et les ballets. On assure qu'à la faculté de représenter des tragédies, des comédies nouvelles et des opéras traduits, il joindra encore celle de jouer des opéras-comiques nouveaux. Cette dernière clause, ajoutée au nouveau privilège de l'Odéon, était depuis long-temps réclamée par tous les amis de l'art musical. Elle est propre à favoriser les progrès de ce bel art, en ouvrant une nouvelle arène aux jeunes compositeurs qui assiégeaient inutilement les avenues de théâtre Feydeau, ou qui ne gravissaient la scène de l'Opéra-Comique qu'après avoir souffert tous les dégoûts, et subi les ordres souverains de la routine et de l'ignorance, qui, depuis trois ans, se sont emparées violemment de ce malheureux théâtre. M. de Montgenet, affranchi, par la décision supérieure qui ordonne la clôture du théâtre de la Porte-Saint-Martin, de ses engagemens envers les acteurs de ce théâtre, est tenu de remplir tous ceux de MM. Sauvage et Frédéric envers les acteurs de l'Odéon.

(Rognure du *Journal des Débats*.)

THÉATRE DES NOUVEAUTÉS.

M. le chef de division de la censure a des intérêts dans ce théâtre ; aussi la troupe est-elle tenue de faire du prosélytisme politique et religieux, d'insulter Voltaire en vaudevilles, et de continuer en couplets les catilinaires de M. le garde-des-sceaux contre les in-32, toutes choses qui seraient fort simples, si, pour assurer le succès, la police n'entassait pas dans le parterre une cohue de sectaires qui poursuivent jusques sur la place publique de leurs injures menaçantes les spectateurs indépendans des loges, et si le format condamné sur la scène pouvait être ailleurs défendu, si tout hommage au chantre de Henri IV n'était pas interdit par les administrateurs souverains de liberté de la pensée. En vertu de la loi sur les circonstances graves, ces lignes ont été retranchées d'un feuilleton :

Que dire de trois jeunes gens qui s'unissent en 1827

pour commencer au théâtre, contre Voltaire, une petite croisade auxiliaire de celle que prêchent contre lui, dans le désert, ses ennemis les plus acharnés, pour prouver à la société du dix-neuvième siècle qu'entre dix individus, s'il s'en trouve un capable de faire des sottises ou de se souiller par des bassesses, c'est celui-là seul qui croit au génie de *Mahomet* et de *la Henriade*.

(Rognure du *Journal des Débats*.)

GYMNASE.

L'État a couru des hasards plus grands. Le *Constitutionnel*, dans une analyse détaillée d'un vaudeville, disait : « M. de Robertville arrive ; il » *reconnaît sa femme, et s'enfuit épouvanté*. Ger-» vais, prosterné aux pieds de madame Ger-» mon, etc. » Les mots que je souligne ont disparu. Pourquoi ? Personne ne le sait. Mais il y avait apparemment un poison caché, que le public n'aurait pas découvert. Peut-être quelque renommée importante risquait d'être lésée par d'indiscrètes applications. Peut-être... Quoi qu'il en soit, la raison d'État exigeait le retranchement. Béni soit le limier de la censure qui y a songé ! Et n'est-il pas heureux que la treizième année du règne de la Charte, les franchises publiques, nos affections, nos espérances, nos sermens aient plié sous un coup d'État, qui préserve ainsi de faux pas funestes l'esprit et le jugement de trente-deux millions d'hommes !

FAITS DIVERS.

LISTES ELECTORALES.

La censure continue à nous sauver fidèlement des dangers d'une stricte observation des lois, dans ce qui est le point capital du gouvernement sous lequel nous vivons. Elle a rayé deux articles du *Constitutionnel* ainsi conçus :

—Il vient de se former à Lyon, à Châlons-sur-Saône et à Nancy, des bureaux de consultation gratuite pour éclairer et diriger les citoyens sur les formalités qu'ils ont à remplir pour être inscrits sur les listes d'électeurs et de jurés.

—Et cependant il est à remarquer que quelques maires de Paris ont refusé de recevoir les pièces mentionnées par M. le préfet de la Seine, sous le prétexte que le contribuable n'y joignait pas les titres de propriété; comme si ces citoyens pouvaient être soumis à une contribution foncière s'ils ne possédaient pas des immeubles ! comme s'il pouvait y avoir un effet sans cause !

Le maire dira-t-il que, pour certifier qu'un citoyen *possède*, il faut qu'il voie le titre qui constate la propriété ? Mais la *possession* est prouvée par le paiement *actuel* de l'impôt. Et d'ailleurs, que dirait le maire, si l'un de ses administrés lui répondait : « Vous me demandez les titres

en vertu desquels je jouis de l'immeuble imposé, je n'en
» ai point; je possède parce que je possède ; mon père,
» mon aïeul, en ont joui de même; la prescription, pa-
» trone du genre humain, est mon titre, et celui-là n'est
» pas écrit sur des parchemins. »

Ajouter à cette demande celle de faire certifier l'identité du réclamant par deux témoins, est, nous l'avons déjà dit, une véritable chicane.

Et si ensuite ils veulent encore d'autres témoins pour constater l'identité des deux premiers témoins, il faut les amener encore; car il ne faut pas que les citoyens se lassent; il faut qu'ils se rappellent sans cesse que la loi sur le jury intéresse la vie, l'honneur et les droits les plus chers des citoyens.

Au reste, la liste qui doit être terminée le 15 août éclaircira tous les doutes. Nous aimons à croire que, par son exactitude, elle dissipera les soupçons que les entraves éprouvées dans quelques mairies ont déjà fait naître.

TEMPLE DE NÉRAC.

Le roi, par une ordonnance rendue en son conseil, a décidé que le temple de Nérac serait restitué aux chrétiens des cultes réformés. *Le Courrier Français*, en racontant le fait, louait ce témoignage de la tolérance royale. La censure a eu soin de défendre du danger de ces louanges le gouvernement de S. M.

COMPOSITION DE LA CENSURE.

Le ministère est parvenu enfin, après cinq semaines de travaux, à réunir six censeurs. En annonçant cet évènement d'après *le Moniteur*, un journal désignait, par le titre d'honorable, le censeur démissionnaire, M. Fouquet, archiviste de la couronne. Le conseil a supprimé l'article officiel tout entier, pour châtier ce nom d'honorable, tacite suffrage qui sentait la rébellion. On voit que ces messieurs sont bien résolus à ne jamais mériter le même éloge.

DUC DE LA ROCHEFOUCAULT LIANCOURT.

La Gazette de Lyon racontait qu'aux funérailles de M. le maréchal de camp Maccarthy, les jeunes gens avaient descendu le cercueil du char funèbre pour le porter eux-mêmes au champ du repos. *Le Constitutionnel* n'a pu imprimer cette courte réflexion :

Voyez ce que c'est que l'esprit de parti ! il applaudit au sujet de M. Mac-Carthy ce qu'il blâmait envers le vénérable duc de la Rochefoucault-Liancourt.

PRINCE DE POLIGNAC.

M. le prince de Polignac a été mis à un index

rigoureux. Le nom de ce noble serviteur de la couronne peut à peine être prononcé. Exemples :

On dit que M. le prince de Polignac, ambassadeur de France en Angleterre, a obtenu un congé de trois mois.
(Rognure du *Constitutionnel*, 28 juillet.)

On se rappelle que les journaux ont annoncé, lors du dernier voyage de M. le prince de Polignac, que cet ambassadeur avait acheté à Beaumont une terre d'environ 1,500,000 fr. On dit aujourd'hui qu'il n'est revenu en France que pour prendre possession de cette propriété nouvelle, et le *Moniteur* s'empresse d'annoncer que le prince de Polignac y passera tout le temps de son séjour.
(Rognure du *Courrier français*.)

PUBLICATIONS DIVERSES.

La censure continue à essayer de tenir la France au secret, en interdisant la simple annonce des écrits politiques dont au reste le nombre et le succès augmentent de jour en jour. Aucun de ces écrits ne présente de caractères alarmans pour la paix publique. Les précautions de la police ne réussissent point à en interdire l'accès aux lecteurs. C'est donc un soin inutile, et l'on peut douter que ce soin même paraisse légal aux chambres, qu'elles voient de bon œil l'arbitraire installé au sein de la plus vitale de nos libertés, pour défendre non la monarchie, mais trois hommes, et les défendre contre le cri de la France.

Dans l'intérêt même du ministère, la censure est à tout le moins superflue. La liberté de la presse n'avait point prise sur lui. Tout avait été dit à la tribune, dans les académies, dans les collèges électoraux, dans les arrêts. Le pays ne voulait ni répéter les mêmes accusations, ni les entendre. On lisait encore les journaux pour y chercher des faits, point de la polémique. Car que pouvaient apprendre les publicistes qui écrivent à cet autre publiciste bien plus habile et bien plus redoutable, qui juge les ministères et lance contre eux la sentence irrévocable ? Les choses étant venues à ce point que les voies légales avaient été tour-à-tour épuisées par la douleur publique, il n'y avait plus à opter qu'entre la patience et des révolutions; la patience avait été adoptée sans hésitation, par un peuple qui connaît et révère l'autorité des lois, et ce n'était plus des réclamations de ses interprètes, c'était du temps seul qu'il attendait des guides dignes du trône et de lui.

La censure a rendu à la presse sa puissance, en irritant les esprits, et surtout en disputant à la curiosité publique les faits les plus simples, les plus simples controverses, des notions mêmes qu'ailleurs on permet aux nations frivoles pour les distraire, qu'on ne disputa jamais aux nations sensées et aux nations libres. Le ministère aura fait ainsi deux miracles. Il aura réussi tour-à-tour à user la presse et à la ranimer.

Aussi a-t-elle bon courage. Les écrivains ne se lassent pas de produire, ni le public de dévorer. La seconde publication des Nobles amis de la liberté de la presse sera distribuée demain. Une nouvelle société se forme, que des jeunes gens composent, et qui répandra également gratis et à vingt mille exemplaires sept ou huit brochures par mois.

On annonce *une Lettre sur Paris* de M. Étienne, qui a rendu ce titre célèbre; MM. Léon-Thiessé et Année, aussi rédacteurs du *Constitutionnel*, se disposent à entrer en lice. M. Félix Bodin a une seconde brochure prête à voir le jour avant que l'intérêt public ait pu épuiser la première. M. Bert publie ce matin un écrit qu'enrichiront les rognures du *Journal du Commerce*. M. Chatelain, du *Courrier français*, a mis sous presse depuis plusieurs jours un ouvrage, où on trouvera sûrement talent et loyauté. M. Sarran, de l'*Aristarque*, M. Salgues de l'*Oriflamme*, d'autres écrivains que leurs principes royalistes recommandent, ont la lance au poing. Peu d'orphelines et de captives des temps féodaux virent armés pour leur querelle autant de vaillans champions que la liberté de la presse traîtreusement mise en deult. Ses fers seront brisés.

De ces richesses promises, je passe à celles que nous possédons; permettez-moi, monsieur, de vous en entretenir en courant.

M. DUPIN, DÉPUTÉ DE MAMERS.

L'honorable jurisconsulte a publié sa consultation sur le débat de M. le duc de Choiseul avec la censure. Cette consultation reste par la force des choses sans conclusion. M. Dupin ne voit d'autre ressource à nos misères que de chanter le psaume 71. C'est dire qu'il ne connaît de refuge à la liberté française, à la charte constitutionnelle, que le giron de la justice divine.

Le caractère de l'ordre légal, est que les lois assurent un recours dans tous les griefs, un tribunal dans tous les débats. Ici un duc et pair, lésé, ne peut trouver ni tribunal, ni recours; le régime des lois a donc cessé de régner sur la France. L'empire de l'arbitraire a commencé.

M. DE KÉRATRY.

Le recueil des pièces officielles du procès de l'honorable publiciste a paru; ce procès était un grand événement ; ce recueil est un bon livre. Des considérations nouvelles sur la restauration et sur la censure en font un ouvrage de circonstance, et le noble caractère de l'auteur y respire comme dans son éloquente plaidoierie. On sent que la déloyauté du régime qui pèse sur nous est surtout ce qui blesse cette généreuse conscience, et la manière dont cette fois encore lui échappe le mot de mensonge, avertit tristement les amis de la royauté du mal profond que fait à la monarchie le système sans vertu et sans dignité qui tourmente notre noble France.

M. FÉLIX BODIN.

La brochure, promise sous le titre de *La malle-poste ou les deux oppositions*, a paru depuis quelques jours, Monsieur, et obtient un juste succès. L'auteur traite sous une forme dramatique la question de l'alliance des partis indépendans et sincères. Cette alliance blesse cruellement le ministère, mais ne doit pas le surprendre. Il devait réunir contre soi tous les esprits et toutes les âmes. Car il a dès long-temps perdu la question d'honneur.

C'est là ce qu'on n'a pas voulu comprendre dans les doléances de l'opposition; et cependant ce nom d'honneur doit toujours être entendu. C'est parmi nous l'arrêt irréparable.

Les gentils-hommes de province, sur lesquels l'administration comptait à la vie et à la mort, se sont lassés d'être, dans la main d'administrateurs subalternes, les instrumens de fraudes, que la comédie aujourd'hui dédaigne pour ses valets. Faire des faux en fait de droits publics, lire des bulletins pardessus la main qui les trace, escamoter des votes par ces manœuvres, piper enfin tous les dés de la fortune électorale, ce sont des spectacles que notre patrie gémit de contempler, dont ne peuvent manquer d'avoir horreur et effroi des hommes qui ont reçu de leurs pères avec la noblesse du sang la noblesse du cœur. Ce n'est point à la ruse, à la crainte, à la corruption, c'est à la France qu'ils veulent devoir des suffrages, et la France les paiera de leur loyauté. Elle prendra ses mandataires dans tous les rangs et dans toutes les opinions, par cequ'aujourd'hui les discordes sont loin de nous : les Français ne savent pas long-temps se haïr; il n'y a parmi nous qu'un parti, comme il n'y a qu'une France et qu'un avenir. La monarchie des Bourbons et de la Charte a rallié tout ce qui veut, tout ce qui a voulu toujours pour son pays prospérité, paix et gloire.

M. LE MARQUIS DE LA GERVAISAIS.

L'honorable écrivain est de ces hommes dont je vous parlais, Monsieur, de ces royalistes qui ne donnent point leur adhésion à qui n'a plus leur estime. Depuis ma lettre précédente, un nouvel opuscule de l'infatigable écrivain a paru sous le titre d'*Admonition au conseil de censure.* Vous y remarquerez ces mots : *La patience se perd!* Puisse-t-on songer que c'est à la fois un galant homme et un ami du trône qui les a tracés !

M. RANDOUIN.

Un jeune homme publie un écrit excellent, sous le titre d'Avis aux électeurs de 1827, sur la nécessité de leur prompte *inscription aux listes électorales dressées en exécution de la nouvelle loi sur le jury.* Toutes les considérations qui parlent à la raison et au cœur des citoyens pour les déterminer à remplir, par l'exercice du premier de leurs droits, le premier de leurs devoirs, sont réunies et présentées avec autant de talent que de chaleur. Je vous recommande, monsieur, ces dix pages, pleines de choses. On reconnaît d'abord à la loyauté des sentimens, comme à la verve du style, que l'auteur appartient à ces générations, dont l'entrée prochaine dans les affaires rendra de plus en plus facile la conciliation des partis. Là aucune des haines de nos devanciers ne respire, aucune de leurs discordes n'est comprise; c'est avec la même bonne foi que M. de Lafayette et M. de Lalot sont salués comme les défenseurs des libertés publiques, et on sent que la jeunesse, qui rapproche ces noms dans la joie d'une même victoire, est toute prête à jurer par la maison royale, d'un cœur aussi dévoué que par le pacte qui fut son ouvrage, qui est encore sa gloire et sa sécurité.

M. JAY.

La brochure de M. Jay, long-temps attendue, a paru sous le titre qu'elle remplit tout entier : *Du Ministère et de la Censure.* C'est le tableau de la vie ministérielle. L'auteur a dans le cours de ses travaux dessiné de plus hauts modèles.

Cet écrit donne sur la polémique suivie par le *Constitutionnel* depuis l'établissement de la censure des explications qui étaient inutiles pour repousser de ce journal des calomnies trop évidemment intéressés, mais qui sont précieuses par les nouvelles lumières dont une grande question se trouve éclairée. Fallait-il accepter le combat sur des chausses-trappes, offert par *le Moniteur*? Vous avez pensé que non, Monsieur; il ne vous semblait pas digne de vous de descendre dans une arène où, plus malheureux que les chrétiens livrés aux bêtes, nous ne pouvions paraître en face des gladiateurs, sans avoir, par le seul fait de notre présence, reconnu les faux dieux. *Le Constitutionnel* a pris ces questions sous le point de vue du courage, et a voulu combattre même enchaîné. M. Jay confesse ce qui en est advenu, et sa brochure, heureux résumé de tous les griefs de l'opinion qui a l'habile écrivain pour interprète, mériterait d'être lue, quand on n'y chercherait qu'un document publié pour la première fois. C'est un morceau plein de faits sur l'omnipotence parlementaire, supprimé dès les premiers jours par la censure. Il n'y avait que de l'histoire; on sait comment l'auteur s'entend à écrire ces matières, et tout a disparu : singulier caractère de notre monarchie libre, où il n'est rien qui ne semble ennemi, et le cri du présent et le souvenir du passé !

PROSCRIPTION DE L'HISTOIRE.

L'histoire est à l'index, et on va savoir pourquoi. D'ordinaire, quand on établit la dictature dans un pays constitué, quand on suspend l'*habeas corpus* en Angleterre, c'est pour ramener par la force au joug des lois les populations turbulentes qui ont en haine les institutions de la patrie et le temps présent. Quand les chambres instituèrent la censure facultative, c'était assurément pour donner au gouvernement du roi une arme terrible contre les regrets factieux, contre les efforts subversifs, contre les mécontentemens parjures : et le ministère en fait usage pour empêcher la France de célébrer le temps qui court, d'être heureuse de vivre au siècle de Charles X, de se complaire dans ses lois ! L'éloge de l'ordre actuel des choses aux dépens de la France antique, est interdit en l'an XIII de la liberté royale. La Charte est suspendue, sans doute par ce qu'il y a *circonstance grave* pour le gouvernement de Louis XIV.

Dans un article sur les grandes routes, vous avez perdu dans les oubliettes de la censure le passage suivant :

Au défaut de l'ouvrage de Fléchier, on peut relire au moins les Lettres de madame de Sévigné (de juillet à novembre 1575); et c'est alors qu'on sentira vivement l'épouvantable disproportion qu'il y avait entre l'excessive civilisation de la cour et de la capitale, et la profonde ignorance qui pesait sur la Bretagne. A propos d'un impôt que le gouverneur de ce pays avait quelque peine à percevoir, voici ce que madame de Sévigné dit des imposés : « Nos pauvres Bas-Bretons s'attroupent quarante, cinquante par les champs ; et, dès qu'ils voient les soldats, ils se jettent à genoux et disent : *Meâ culpâ*, c'est le seul mot de français qu'ils sachent.... On ne laisse pas de pendre ces pauvres Bas-Bretons ; ils demandent à boire et *du tabac*, et qu'on les dépêche ; *et de Caron pas un mot.* » Voulant dire, par ce dernier trait, que ces malheureux mouraient dans la plus parfaite indifférence sur le salut. Il paraîtrait, d'après ce passage, qu'on avait pris plus de soin pour introduire la gabelle et les impôts indirects en Bretagne que la foi catholique, puisque les paysans, près de mourir, demandaient du tabac au lieu de confesseurs. Cela prouve au moins que l'instruction religieuse était nulle ; car madame de Sévigné ne fait aucun crime aux paysans de leur ignorance. Elle parle d'eux comme d'une horde de singes.

Je craindrais, en isolant les phrases de madame de Sévigné par l'effet de la citation, de donner à cette dame un air de cruauté qu'elle n'avait certainement pas. Cependant, il faut lire tout ce qu'elle a dit de la *penderie* de ces pauvres Bretons. Ce n'est qu'en comparant les malheurs dont elle parle, avec le style qu'elle emploie pour en faire gaiement le tableau à sa fille, que l'on peut comprendre jusqu'à quel point les peuplades qui se trouvaient comprises dans la circonscription de la France étaient incohérentes. Au surplus, dans le cours de sa correspondance, madame de Sévigné donne aussi des détails sur le mauvais état des routes, qui démontrent qu'à l'exception des personnes qui, comme elle, pouvaient mettre six chevaux à une voiture, il y avait fort peu de curieux qui eussent l'envie d'aller voir la Bretagne.

(Rognures du *Journal des Débats* du 1er août.)

La guerre est bien décidément déclarée à la

célèbre muse *des Rochers ;* car, plus loin, l'écrivain disant qu'*averti peut-être par les lettres de madame de Sévigné, dont il voulut entendre la lecture vers* 1681, Louis XIV ordonna des travaux de statistique... Les mots que je souligne sont tombés sous le ciseau fatal. N'est-il pas curieux que la plus spirituelle des femmes illustres de la monarchie de Louis XIV, soit, on ne sait pourquoi, proscrite en l'an de grace 1827? Et les chambres ne seront-elles pas bien heureuses d'avoir autrefois muni le ministère de lois d'exception pour parvenir à extirper des journaux de la France constitutionnelle le nom de madame de Sévigné? On ne dit pas si M. le comte de Corbière a décerné la couronne de chêne au censeur intrépide qui s'est jeté si à propos entre les souvenirs de cette autre gloire de la Bretagne et le trône du roi de France.

CONCLUSION.

Parlons sérieusement, monsieur : tout ceci est déplorable ; car ce sont nos libertés qu'on bafoue, nos générations fortes et pures, notre temps, le temps de trente-deux millions d'hommes qu'on gaspille. C'est la France, notre patrie grande et chère, qu'on outrage à la fois par les insolences de l'arbitraire et les hypocrisies de la légalité.

Tous les peuples, tous les rois nous suivent de l'œil avec sollicitude dans les voies où des guides coupables nous précipitent. Osons prendre les rois et le monde à témoins. Y a-t-il dans tout ce que j'ai transcrit, une ligne, un mot, une ombre, dont la suppression importe à la cause de la monarchie? Y a-t-il un prétexte à l'établissement d'un régime d'exception et d'arbitraire, chez un peuple qui vit sous des engagemens de liberté? Le nom de M. de Polignac, la prose de M. de Choiseul, un vœu pour l'arrestation d'un sacrilège, les discussions des intérêts de nos théâtres, sont-ce là des symptômes de révolution, des calamités publiques, et fallait-il jeter sur les promesses, sur les garanties de la restauration, un épais nuage, afin de dévoiler ces riens à tous les regards?

Il est trop évident que la royauté n'a nul profit à y faire. Le ministère n'y gagne pas davantage. Que lui importaient les aggressions de la presse? Sur lui les coups ne portent plus. Les traits qui se sont émoussés après lui le défendent désormais. Il est cuirassé des mépris de la France.

Cependant l'établissement de cette censure oppressive et illégitime, doit avoir un but. On ne recueille pas, mais on a semé; on l'a voulu du moins. Car, après sept ans de vie, le cabinet doit savoir que les gouvernemens sages ne font rien d'inutile. Tout ce qui ébranle le *statu quo*, risque d'être un malheur. Tout ce qui émeut les peuples est d'abord un danger.

Que l'établissement de la censure ait profondément ému les esprits, personne n'en doute apparemment. Les cœurs ulcérés peuvent se compter sans peine. La police saurait dire de combien de lumières brillèrent, il y a deux mois, les fenêtres de Paris. Nous dira-t-elle combien de feux de joie ont été en revanche allumés pour la censure? Nous ne connaissons que ceux d'Angoulême, et de Mamers; Meaux a fait aussi connaître vertement sa façon de sentir.

Les journaux du ministère contiennent d'ailleurs l'expression naïve de l'état où le cabinet pense avoir plongé le pays. Ils sont en extase de ce que la monarchie est debout encore, de ce qu'il y a toujours une trésorerie pour payer les grands coups de lance dont ces champions de tous les pouvoirs passés et futurs pourfendent leurs adversaires absens. Que doivent dire les représentans de l'Europe qui sont au milieu de nous, la plupart hommes de grande expérience et de hautes lumières, en lisant tous les matins dans le *Moniteur* cette ingénuité reproduite: «Voyez donc le calme dont, malgré tout, le

» royaume jouit encore ! » C'est comme si les ministres s'écriaient officiellement : « Nous n'en re-
» venons pas ! on n'a pas tiré de coups de fusil à
» nos censeurs ! » Il paraît que tout autre témoignage de dissentiment et de douleur ne touche pas les hommes d'état qui nous dirigent ; ils ne comptent pour rien le reste, et s'imaginent avoir conduit les affaires si bien à point, que cette dernière forme de protestation ne puisse se faire attendre. Ils avaient cru sans doute que leur censure provoquerait une levée de boucliers comme autrefois la Bastille. N'avaient-ils donc réglé cette affaire que comme la revue de la garde nationale, en mettant en bataille l'artillerie d'élite ? Étrange ordre de chose que celui où les conseillers de la couronne se donnent la joie de préparer des ordonnances, les pièces à la prolonge et la mèche allumée !

Les ébahissemens du *Moniteur* prouvent que le conseil ne se fait pas illusion sur l'état des esprits ; l'exaspération de la France est connue : on n'ignore que sa sagesse.

Maintenant, reste à savoir quels profits compensent la douleur et la désaffection publiques. Les maux sont patens, ils sont immenses ; encore une fois, cherchons les biens.

Les biens, on l'a vu, il n'en est pas. C'est donc

d'espérances que vit la politique du ministère. C'est donc l'avenir qui est à ses yeux gros de réparations et de dédommagemens. C'est donc à de lointains projets que sont sacrifiés tous les jours qui s'écoulent, toutes les affections qui se retirent, toutes les garanties qui s'évanouissent. Ces projets auxquels le présent est immolé ainsi, quels sont-ils?

A cette question la censure a déjà répondu, elle répondra encore : ce qu'on médite, c'est la ruine de toute publicité, de toute instruction populaire, de toute supériorité; une loi agraire contre la division des richesses, du savoir, du bien-être, de la terre; l'avilissement du négoce et de l'industrie; la mise en coupe réglée des édits de tolérance et des institutions, des habitudes généreuses; la répression de l'indépendance des cours souveraines, et de la popularité des noms illustres; la guerre aux bienfaits partis de haut, aux gloires chères à la France; enfin, pour point de départ, l'appauvrissement de la pairie : pour terme, la destruction de la Charte, la prospérité du cimetière du Mont-Valérien ! Voilà ce qu'on veut, voilà où l'on marche, où l'on court. Les coupures des censeurs sont comme ces écriteaux des pantomimes, qui résument en quelques lignes, pour l'intelligence des spectateurs, le drame tout entier.

Ce n'est qu'afin de satisfaire ces passions, ces fantaisies du pouvoir, si bien révélées par les sévices de la censure, que la censure a été instituée. Car si elle n'était pas une transition, un instrument, un moyen, un prélude, que serait-elle? Rien qu'un non-sens bizarre, qu'une vengeance puérile, et peut-être échapperait-elle à l'odieux par le ridicule. Il y aurait du malheur à n'être tombé que par la plus étourdie des inconséquences dans le plus grand des torts, dans la plus lourde des fautes.

N. A. DE SALVANDY.

Ce jeudi 2 août 1827.

Imprimerie de H FOURNIER,
rue de Seine, n° 14.

www.ingramcontent.com/pod-product-compliance
Lightning Source LLC
LaVergne TN
LVHW021001090426
835512LV00009B/2005